AMOR
ES
LEY
Y ES
DIOS

VIDA VERDAD LIBERTAD

*252 Títulos que esperan ser
valorados y cuestionados por ti,
para el beneficio de todos.*

Francisco y Sergio Martínez Leaño

Reservados todos los derechos. No se permite la reproducción total o parcial de esta obra, ni su incorporación a un sistema informático, ni su transmisión en cualquier forma o por cualquier medio (electrónico, mecánico, fotocopia, grabación u otros) sin autorización previa y por escrito de los titulares del copyright. La infracción de dichos derechos puede constituir un delito contra la propiedad intelectual.

El contenido de esta obra es responsabilidad del autor y no refleja necesariamente las opiniones de la casa editora. Todos los textos e imágenes fueron proporcionados por el autor, quien es el único responsable por los derechos de los mismos.

Publicado por Ibukku
www.ibukku.com
Diseño y maquetación: Índigo Estudio Gráfico
Copyright © 2021 Francisco y Sergio Martínez Leaño
E-mail, Facebook, Instagram: amoresdiosyesley@gmail.com
ISBN Paperback: 978-1-68574-004-7
ISBN eBook: 978-1-68574-005-4

ÍNDICE DE CAPÍTULOS

INTRODUCCIÓN	11
CAPÍTULO 1 TE AMO ES EL TRIUNFO 7 títulos	13
CAPÍTULO 2 BUSCANDO LA VERDAD 14 títulos	23
CAPÍTULO 3 EN MEDIO DE LA LIBERTAD 15 títulos	39
CAPÍTULO 4 GÉNESIS Y ÉXODO EN EL IDIOMA DEL AMOR TESTIMONIOS 22 títulos	57
CAPÍTULO 5 ORIGEN DEL PENSAMIENTO MODERNO 12 títulos	83
CAPÍTULO 6 UN PASO MÁS ALLÁ DE LO MUNDANO 17 títulos	99
CAPÍTULO 7 TODOS ESTÁN DONDE QUIEREN 16 títulos	123
CAPÍTULO 8 NO SE ALEJEN DEL AMOR 10 títulos	147
CAPÍTULO 9 VIDA ETERNA 10 títulos	159
CAPÍTULO 10 PERDÓN SANACIÓN CONCILIACIÓN 12 títulos	173
CAPÍTULO 11 VIVIR O MORIR 11 títulos	189

CAPÍTULO 12
EL SENTIDO DE LA LEY   205
14 títulos

CAPÍTULO 13
VIBRACIÓN   225
0 títulos

CAPÍTULO 14
PODER DEL VERBO   227
22 títulos

CAPÍTULO 15
VENIMOS A DAR AMOR   251
23 títulos

CAPÍTULO 16
EL AMOR ES INFINITO   277
10 títulos

CAPÍTULO 17
TODO ESTÁ DADO   293
12 títulos

CAPÍTULO 18
LETRA VIVA   309
8 títulos

CAPÍTULO 19
VOLUNTARIOS   319
3 títulos

CAPÍTULO 20
PODER SOBRE LA MATERIA   325
5 títulos

CAPÍTULO 21
ESTO DICEN LOS DISCÍPULOS   333
8 títulos

RECONOCIMIENTO   347
CONSULTA   357

AUTOR - TRADUCTOR - ZAHORÍ
FRANCISCO Y SERGIO MARTÍNEZ LEAÑO

*A todos
los cercanos
al Amor en el Cielo
y en la Tierra*

AMOR VERDAD LIBERTAD
INHALEN VIDA
EXHALEN AMOR

AMOR ES LEY Y ES DIOS
El que se aleja del Amor sufre
El que se acerca es feliz

AMOR VERDAD LIBERTAD
INHALEN VIDA PROFUNDO
EXHALEN AMOR LARGO Y PROFUNDO

Algoritmo del Zahorí:
descubrir la respuesta, saber la verdad:

Que el contenido de este libro brille
en su mente, en su conciencia y en su
razón como el oro.

AMOR VERDAD LIBERTAD
INHALEN VIDA SUAVE
EXHALEN AMOR POR SIEMPRE

AMOR ES LEY VIDA VERDAD LIBERTAD

INTRODUCCIÓN

TODOS NACEN HINCHADOS DE AMOR

¿Por qué todos buscan ser felices? se les olvido que nacen hinchados de Amor, si lo olvidaron es por causa de la ilusión del bien y del mal que los aleja de la perfección y les hace creer que el Amor y la felicidad son la ilusión; por lo que tendrán que enfrentar muchos retos antes de entender qué es disfrutar la vida y que generar Amor; experiencias que sólo se alcanza viviendo en libertad.

El planeta está listo para reinventarse con el conocimiento que en la cercanía al Amor todo es perfecto.

Muchos callan la verdad, pero no quieran parecer normales igualándose a ellos.

Para reinventarse y que la raza humana no se borre de la faz del universo, hace más de dos mil años reciben la Nueva Ley, que al traducirse al idioma del Amor, emerge todo lo necesario para acercarse al Amor y destrabar la conciencia en todo el planeta.

La respuesta a la pregunta de ¿quiénes son, por qué y para qué están aquí? no está en los libros ni en los acertijos ni en las intrigas; siempre han estado en su corazón, lo único que falta es que se liberen inhalando vida y exhalando Amor y las pongan en práctica.

Este libro recopila las herramientas para poner en práctica la Nueva Ley.

Su contenido es presente, por lo que esperamos que los valores rescatados converjan con lo que cada quien quiera creer.

Pero no se confíen ni se duerman, porque siempre habrá quienes los acechen para que caigan en la ilusión del bien y del mal, y no se enteren que la verdadera guerra es entre:

La vida vs la muerte

Aunque el triunfador solo puede ser el Amor por ser la esencia de todo, deben cuidar la vida, la verdad y la libertad del temor y del ego, que utilizan la ilusión de lo bueno y lo malo para etiquetar y controlar todo.

La defensa es mantenerse cerca al Amor.
En la cercanía al Amor la muerte no existe porque la vida es eterna.
Todo es perfecto, entonces lo bueno y lo malo pierde poder y deja de existir.
Puede tener todo con el poder del verbo.
Y pueden vivir del aire sin comer ni beber.

Así las cadenas que esclavizan con el temor a sentir hambre, a no tener y a morir, se rompen.

La felicidad común del planeta es casi imposible, pero cada quien la puede hacer germinar.

CAPÍTULO 1
TE AMO ES EL TRIUNFO

*La felicidad es la vocación de todo ser, pero si esta no emerge,
hay que buscarla.*

*La vida sucede porque así la pidieron desde antes de nacer y lo
que sucede que no han pedido es porque así lo han permitido.*

*De la vida se sabe todo, todo está dicho,
no hay nada por decir ni por hacer,
lo único que no sabe es cómo lo harán, si cerca o lejos del Amor.*

El verdadero conocimiento es sabiduría y la sabiduría es presente.

INHALEN PROFUNDO
EXHALEN SUAVE

1. LA BÚSQUEDA

A edad muy temprana pensé:
–Debe haber algo más profundo que le dé sentido a vivir, algo tal vez mágico que despierte mi consciencia para permitirme ver que es verdaderamente la felicidad, porque me siento feliz pero lo que veo que hace feliz a la gente ¡a mí no! nunca me imaginé que fuera posible transgredir la libertad ni sacrificar la felicidad de otros.

He aprendido que ser feliz no depende del conocimiento, ni de los títulos conseguidos ni de la posición social; tampoco depende del más fuerte económicamente y populista de turno, de derecha o de izquierda, de una o de otra religión, quienes buscan a través del bien y del mal tomar control del libre albedrío de los demás.
Ahora sé que no estaba equivocado, ser feliz es poder decir:
te amo.

Son tiempos difíciles en los que me encuentro perdido en el vacío de lo que debo y tengo que hacer, porque sigo creyendo que no nos crearon para depender de algo ni de alguien.
Esta frustración enfoca mi percepción en todo
lo que me señale algo diferente a lo mundano.

De mi profesión como diseñador industrial solo queda:

Todo es susceptible de mejorar.

2. LAS RESPUESTAS

Intento hablar con Dios y él no responde,
pero hablo con Amor y él sí responde.

Replanteo mis valores; y con la expectativa de algunas experiencias extrasensoriales, me dedico a estudiar todo lo que tenga que ver con el poder escondido y es en un seminario de metafísica, donde por fin me identifico con un grupo; luego en un curso de sanación y con un sacerdote claretiano, me reencuentro con la ciencia del Zahorí, –ciencia que educa en encontrar la verdad y lo que está oculto, utilizando la técnica de la radiestesia–; también tengo la fortuna de caer en un curso de numerología mágica, digo fortuna porque descubro lo que ningún libro, religioso, economista, psicólogo ni psiquiatra me pudo decir.
Al fin encuentro por dónde respirar.

Con este conocimiento guío mi vida por entre la relatividad de los valores humanos y voy descubriendo la verdad común del planeta y la mía propia, me entrego a servir como numerólogo por más de diez años creyendo encontrar mi vocación y mi libertad;
aunque no fue así, de tres personas que van a consulta
y no se conocen entre sí, recibo el mismo mensaje de sus familiares recién fallecidos a los vivos, que dice:

Disfruten la vida.

3. SONIDO DE CAMPANAS

Como numerólogo caigo en lo mundano y se ahonda el vacío que me carcome.
Y sin dejar de buscar la verdad que me libere; cae en mis manos un *Nuevo Testamento* y es desconcertante ver que este libro es el único entre miles de libros leídos y listas consultadas, donde la radiestesia responde, verdadero.
–Escucho campanas–.
Y con la certeza de haber encontrado
lo que busco me exilio para dedicarme a estudiarlo.
Veo que el contenido se debe tamizar para conocer el mensaje, pero no es suficiente; debe ser develado para descubrir la verdad, tampoco es suficiente, debe ser traducido al idioma del Amor para tocar los corazones, pero tampoco, debe despertar la conciencia de cada uno en el ahora para poder ponerlo en práctica
y aquí estamos; nunca es tarde.

Por alguna razón casi aplazo mi trabajo; si no es porque mi hermano Francisco se materializa para decirme
a través de una amiga sanadora:

"Dile a Sergio: que yo siempre estoy con él."

Vislumbro más que una luz,
condenso todos los fragmentos que dan verdadero
y de la saturación de información se destilan estas dos frases:

No son culpable de nada.

Todo el mundo está donde quiere.

4. AMOR ES LEY Y ES DIOS

Con mi hermano cerca y esta verdad, libero la tierra, mis cargas y mis culpas y después de más de 10 años de exilio,
vuelvo con mi familia, mi señora, mi hija y mi hijo
y compartiendo con ellos, de nuevo escucho campanas:

"Amor es Ley y es Dios"

De una vida solitaria en esencia, incierta e insegura y por otro lado, educado en el machismo como cazador, pescador, motociclista, jugador y perezoso, pasé a despertar todos los días a las cuatro de la mañana a escudriñar la verdad, donde después de abrir una puerta se abre otra y otra y otra, hasta el día de hoy.

Por lo que aún persiste esa necesidad interior de estar quieto, solo, andar despacio, lento y en silencio…-

He entendido que esta consagración no me permite fortalecer vínculos para mantener mi estado de libertad y hacer lo que nadie puede hacer por mí, y es entender de la mano de mi hermano y del Amor Superior, que sí hay algo más allá de lo mundano:

Inhalar vida y exhalar Amor.

5. EL MOMENTO

Con mi memoria afectiva confundida, pido saber la verdad y es cuando esta misión me es concedida y aprendo a hacerlo sin tocar ni un punto ni una coma de la Ley Universal del Amor, así es como emerge mi vocación y disfruto la libertad.

Esta investigación es para dar respuesta a todo lo que parece no tenerla.

Lo que interesa de la verdad es saber que nunca mueren y que la felicidad que buscan la encuentran en la cercanía al Amor, algo que solo lo logran en libertad.

Pero antes deben aprender a poner al servicio del Amor los poderes que les fueron confiados desde antes de nacer.

Al final entenderán que es un entrenamiento permanente de toma de decisiones para no alejarse del Amor.

Todo lo demás que hable del Amor y la verdad, manipulando la energía con símbolos y acertijos, solo son hechos y escritos de personas que no encuentran la respuesta correcta; ellos en su ignorancia, esclavos del bien y del mal, aún le hacen mucho daño a la humanidad.

6. ABIERTA LA PUERTA

No nos centramos en la vida del Hijo Amado, en persona de nuestro Señor Jesucristo, porque él ya cumplió su parte, cuando con su vida nos liberó hasta de él mismo para no caer en idolatría y también para que lo dejaran en paz, porque como dijo,
ya cumplió con lo suyo.

Conocer su legado no nos da derecho de pedirle ni exigirle más, como si no fuéramos capaces de hacer triunfar el Amor
con los poderes recibidos y el conocimiento
revelado miles de veces en el mensaje.

Nos centramos en sacudir toda la información que revele cómo acercarse más al Amor y vivir la dicha que su cercanía trae.

***Es el disfrute inevitable que los convierte en
continuos generadores de Amor.***

Abierta esta puerta no la querrán cerrar
porque lo que dejan atrás es hueco.

7. AL FINAL

Que lo vivido, investigado y escrito aquí sirva para entender cómo acercarse al Amor y cómo dar uso a sus poderes;
no para enfrentar el combate entre el bien y el mal; sino para enfrentar el verdadero combate es entre *la vida y la muerte*.

La vida es defendida con el *te amo* de los cercanos al Amor.
La muerte la defienden con el ego de los alejados del Amor.

Ellos con el bien y el mal, acaparan la mano de obra más barata, la de los esclavos, para gastar lo mínimo y quedarse con todo.

Estos pretenden que nadie conozca la verdad de sus intensiones por lo que nunca hablan con la verdad y pretenden que por ningún medio su gente conozca los poderes del Amor que defienden la vida, la verdad y la libertad.

Si gana el *te amo*, Jesucristo, el Padre Creador de la Vía Láctea, tendrá motivos para volver y celebrar y ahí lo conocerán.

Si gana el ego, sus emociones las igualan a las de todos sin memoria afectiva, vivirán la muerte en vida, hasta morir por la eternidad.

Los pobres de espíritu y los tibios tendrán su momento de felicidad cuando les digan todo lo que tienen que hacer, el problema es que con esto no cumplen con su parte al Amor Primogénito de ser felices.

Pueden ayudar a la humanidad decretando que el Amor triunfe sobre todos los alejados del Amor que utilizan el temor y la ilusión del bien y el mal para mentir, corromper y esclavizar.

La maleza no se erradica, el combate continua, mi decisión es continuar del lado del Amor, defendiendo la vida no matando para comer y de cualquier otra conspiración contra ella;
y así poder expresar la emoción de decir:
te amo.

Y cuando mi cuerpo caiga por defender la Ley Universal del Amor, no pasa nada, porque se que soy eterno e infinito si así quiero.

CAPÍTULO 2
BUSCANDO LA VERDAD

*No se preocupen por buscar la verdad porque
la verdad los encontrará donde hay Amor.*

Amor es Ley y es Dios

*El Amor es Ley porque el que se aleja sufre
y el que se acerca es feliz.*

El Amor es Dios, porque sin Amor no existe nada.

*El conocimiento es para compartirlo;
la sabiduría, para vivirla;
la verdad, para liberarse;
y el Amor para ser feliz.*

*La verdad está en que entre más Amor den más poder tienen,
y cuando el poder los acompaña son luminosos
y nada de lo de afuera los puede afectar.*

INHALEN SUAVE Y PROFUNDO
EXHALEN AMOR

8. LA VERDAD

La verdad es que el Amor es la esencia de todo lo creado y por crear, es la estructura del universo y todo lo que tenga vida si se aleja del Amor la pierde.

El ser humano saturado de ilusiones, supersticiones, dogmas y clichés, se a alejado tanto de la verdad encasillándose así en:

Buenos, malos... ricos, pobres... mundanos, tibios, espirituales... rey, príncipe, mendigo, asalariado... colérico, melancólico, sanguíneo, flemático... optimista, pesimista... idealista, materialista, ateo... según el nivel intelectual... por el tipo de sangre... la forma de las orejas... las líneas de la mano... Freud encasilla todo en la sexualidad... las diferentes astrologías destilan sus propias casillas... Igual hacen los que investigan las vibraciones de los números, los colores, los sonidos, los mensajes subliminales de las formas, etc. Elementos con los que buscan definir a la persona, pero solo sirven para orientar y justificar el ego.

Las personas son impredecibles porque el Amor es único e infinito en cada ser.

Algunos clichés han evolucionado en ciencia; pero a sus investigadores a**ú**n les falta mucha generosidad en su misión para esclarecer la satisfacción emocional de Amor a la verdad.

9. EL AMOR ES LA VERDAD

La verdad es que donde no hay Amor domina el bien y el mal cultivando mentiras, envidia, codicia, destrucción, violencia, esclavitud y muerte.

¿Cómo quieren que sean sus vidas?

La poca educación en los valores esenciales causa que las personas anden vacías y sometidas, buscando en qué creer, en cómo lograrlo, en cómo justificar su existencia; hasta que se sueltan de la productividad, el aspecto físico, las estrellas, los acertijos, todo lo que estorba y satura de ilusiones.

Y al fin aceptan la realidad de lo que son, lo que les permite disfrutar la vida en el sitio donde están y generar Amor con lo mucho o lo poco que tengan, aceptando todo perfecto.

Esto es lo mismo que pidieron desde antes de nacer,

Y libres de conflictos descubrirán
que el combustible del universo es Amor.

Y el Amor generado por los alejados del Amor sí hace parte de la estructura del universo, porque el Amor es eterno;
pero pierde el nombre y se registra como Amor huérfano.

10. ¿POR QUÉ AMOR ES LEY?

¿POR QUÉ AMOR ES LEY?

El universo en su evolución ha generado un orden y su común denominador es Amor, del que ni el ser humano, con todo y su Libre Albedrío, puede alejarse sin consecuencias.

Si se alejan del Amor, sufren y mueren;
si se acercan, gozan y viven.
Esa es la Ley.

Por eso Amor es Ley.

11. ¿POR QUÉ AMOR ES DIOS?

¿POR QUÉ AMOR ES DIOS?
Este documento recopila todos los títulos, párrafos y escritos que hablan de la verdad; selección que solo es posible con la educación en la ciencia milenaria del Zahorí, de donde se destila el Amor como lo único real y perfecto.

En él no hay equivocación posible y en la cercanía a él no son culpables de nada porque en él todo es perfecto.

El Amor no necesita explicación, no hay que enseñarlo, nace con todos, es la esencia de todo; inspira un comportamiento fácil de entender y responde a una emoción que la mayoría acepta y disfruta.
La palabra Amor tiene sentido por sí misma.

Al pronunciar *te amo*, su vibración siempre es aceptación sin condiciones, armonía, satisfacción, comprensión y felicidad.

A diferencia, la palabra *Dios* contiene el significado que el hombre le dé, como ha sucedido en todas las culturas que adoran a lo que ellos coronen como dioses, por lo que pelean, matan y destruyen; alejándose del Amor.

Amor es Dios porque sin Amor no existe nada.

12. TRADUCIR AL IDIOMA DEL AMOR

Traducir al idioma del Amor es reemplazar el significado de la palabra dios por el verbo *te amo* en todo lo que piensan, dicen y hacen; solo con esto les cambia la vida.

Cuando el Amor se hace presente en lo que piensan, dicen y hacen, el sentido de todo es más claro y fácil de entender, la duda y el temor pierden poder, su expresión es alegre y confiada, la bondad y la autenticidad emergen y nada que no sea Amor los afectara.

En el idioma del Amor la razón funciona mejor para destruir el temor a la muerte, al bien y al mal y a la carencia.

Traducir al idioma del Amor es
poner la razón al servicio del Amor,
entendiendo que en la razón no hay nada,
porque el Amor es todo.

13. REDENCIONES

Al traducir el mensaje al idioma del Amor se redime al Amor Primogénito, dador de vida, reconociendo que en él no existe la muerte.

Se redime a los judíos y a Judas por cumplir la tarea difícil: conspirar para matar a un líder para que florezca en la resurrección.

Se redime a todos los que mirándose débiles han superado la ilusión del bien y del mal.

Se redime el nombre de Jesús, que está cansado que lo traten y lo invoquen como a un dios, un rey, un ídolo y amuleto cada vez que tienen problemas y no valoran por lo que él se sacrificó, que es lo que tiene verdadero significado.

Se redime a las mujeres, condenadas a tratarse como débiles por el Amor que encarnan.

Se redime la razón, al entender que su función es acercarse al Amor y en su cercanía decretar la materialización del Verbo Amor.

Se redimen las emociones que generan Amor como las experiencias que animan el universo.

Se redime la Nueva Ley como la revelación de la verdad oculta por siglos.

14. LA ENERGÍA PRIMOGÉNITA

Al traducir el mensaje emerge el dador de vida, el Amor Primogénito como la esencia del universo, el principio de todo, lo real, la energía primogénita.

El Amor Primogénito da la vida, nunca la quita.

Él, a cada instante, en cada exhalación, expande su esencia de Amor que llega por su naturaleza inagotable a todas las criaturas de la creación en aliento de vida; de todos los rincones del universo responden a su generosidad exhalando gratitud, así Él en cada inhalación recibe renovados sentimientos de regocijo, completando el ciclo de disfrute y generación de Amor.

Su alegría es infinita cuando dice:

El triunfo del Amor es la vida

El Amor Primogénito aparte de dar la vida no hace más por alguien, igual que el Amor Creador, ellos dejan al Amor Superior y al Amor único de cada uno el gusto de que todo lo demás suceda.

15. LO QUE EL AMOR PRIMOGÉNITO ESPERA

Él espera de todos que:

Al darles *Amor*, amen y respeten la vida de las demás y de todas las criaturas cercanas al Amor.

Al darles *vida*, continúen generando vida, inhalando y exhalando al ritmo de *"te amo"*.

Al entregarles el *Poder del Verbo*, espera que compartan y embellezcan su creación.

Al ofrecerles el *Libre Albedrío*, espera que decidan mantenerse cerca al Amor.

Al darles el poder de las emociones, espera que lo hagan reír y aprendan a vivir y a celebrar sin alejarse del Amor.

Al darles *conciencia,* espera que alcancen el nivel de su *Amor Superior y* conozcan el *Espíritu de la Verdad*.

Al darles *vida eterna* espera que disfruten todos los rincones del universo infinito.

Al darles el cuerpo espera que disfruten lo que pidieron y se llenen de dicha y regocijo.

Espera que entiendan que Él nunca quita la vida, porque la vida que les dio es eterna, que si la pierden es por causa de ustedes mismos.

Solo en el riesgo de vivir y dejar vivir pueden conocer la dicha, la vida eterna y ese poder que los hace seres únicos y perfectos en el universo.

16. EL UNIVERSO

El universo es perfecto y es nuestro hogar y estamos en él para disfrutarlo y dar parte al creador.

Es escenario de muchos acontecimientos alucinantes e inimaginables, donde no tiene influencia el bien ni el mal, no existe el dolor ni el pecado; solo es así, una expresión de la Ley Universal del Amor.

En el universo a los seres inteligentes, generadores de Amor se les dice humanos; tienen diferentes formas, están en todo el universo y generan Amor dando forma consciente a la estructura del universo.

En el universo infinito y en la eternidad del Espíritu, solo les queda disfrutar la vida y generar Amor.

17. LA VÍA LÁCTEA

Jesucristo, el Hijo Amado.
Padre Creador de la Vía Láctea.

Esta galaxia, como todas, es única y se rige bajo el principio fundamental del universo:

La Ley Universal del Amor.

De nuestro Señor Jesucristo sabemos muchas cosas, pero como Padre Creador de la galaxia solo sabemos que está cansado qué lo llamen del planeta Tierra a poner quejas, a las que no pone atención, porque él sabe que tienen todo lo necesario para acercarse al Amor y hacer que triunfe sobre la ilusión.

Lo que él y toda la galaxia lamenta de este planeta es que la vida, la verdad y la libertad estén tan maltratadas y manipuladas, a pesar que han recibido dos oportunidades para reeducarse y en la segunda él mismo fue a llevar el mensaje de viva voz y permitió ser juzgado e irrespetado por Amor; aunque está dispuesto a volver por segunda vez no a que lo juzguen, sino a celebrar el triunfo del Amor; si no sucede, de todas formas la vida de los cercanos al Amor es eterna y los esperan en todo el universo.

Al Hijo Amado también le deben *te amo*.

18. LA CÚPULA DEL CIELO

El Cielo es el espacio que ocupa cada galaxia, invisible para el ser humano, pero es donde habita el Amor Superior de todos; ellos conforman la Cúpula del Cielo, nunca duermen solo se aquietan y sin importar la distancia siempre están donde quieren. Allí comparten con otros iguales y tienen acceso a toda la información celestial.

La mente es el órgano inteligente del Amor que conecta todo en el Cielo, contiene toda la información, incluido todo el Amor generado en la galaxia y de toda esta información guarda una copia en cada cerebro humano.

El gusto de venir a este planeta es su belleza, se prestan para disfrutar la creación de muchos sin perder la autenticidad y la espontaneidad, en él se puede crear por decreto condiciones muy favorables para generar Amor.

Hace más de dos mil años, en la Cúpula del Cielo, los Seres Superiores, acuerdan dar otra oportunidad a la humanidad. Así el Amor, la verdad y la libertad tienen otra oportunidad para que de forma individual o en grupo, se manifieste a través del poder que hay en cada uno, fortaleciendo el triunfo del Amor.

19. EL AMOR SUPERIOR

Al Amor Superior también se le dice Ser Superior, Espíritu, Conciencia, el Ángel de la guarda, y se proyecta a imagen y semejanza del dador de vida en el cuerpo físico del ser humano.

El Amor Superior nace de la saturación de Amor en el universo y se puede materializar donde quiera, con la forma que quiera, en armonía con el universo.

Su función es proyectarse en un cuerpo humano al que le da todos los poderes a imagen y semejanza del Creador, acumula el Amor generado por la persona, así cuando la persona deja el cuerpo sigue existiendo en el Amor acumulado, sana la memoria afectiva y la aconseja a través de la conciencia.

Él y ustedes con el Amor acumulado es con lo que proyectan su próxima aventura en el universo a lo largo de la eternidad.

Otros vienen al planeta de manera voluntaria, para orientar a los cercanos al Amor a los alejados no a estos todo lo que se les de se desperdicia, porque ni reconocen Amor ni responden Amor.

Es a través del cuerpo físico —centrando la razón en que todo es perfecto—, como el Amor Superior vive y disfruta las emociones del lugar que habitan o visitan; la felicidad alcanzada es la que los anima a seguir disfrutando el universo infinito.

20. EL AMOR ÚNICO

El ser humano tiene el poder para decir
te amo.

El Amor único de cada uno es igual a decir: ser único, Amor propio, Amor mío, mi personalidad o mi yo superior; En las fases primarias se guía por el instinto y luego por el sentido común para sobrevivir a los riesgos que no conoce.

El ser único habita el cuerpo físico, genera Amor único e irrepetible, el Amor generado se acumula y es su aporte al universo.

El ser humano como ser único está dotado de:
el Poder del Verbo Amor,
el Poder del Libre Albedrío,
el Poder de la Emoción,
para disfrutar la vida y generar Amor.

Del ser único se espera recibir *te Amo* como parte al Amor Primogénito.

Te amo es diferente de *te quiero*, porque *quiero* implica *tomar*; esto genera apegos que se interponen con el *Espíritu de la Verdad*.

Te amo es el único camino para que los átomos que conforman el cuerpo obedezcan el llamado a desmaterializarse y materializarse cuando, como y donde quieran.

21. LA MENTE

El Amor solo es uno y es la esencia de todo.

El Amor Primogénito es el nombre de la esencia, el dador de vida, causa de todo.

El Amor Creador, reflejo de la esencia, es el gran constructor, el sembrador de vida, el aliento de vida, el creador de galaxias.

El Amor Superior, también reflejo de la esencia, es la conciencia que se materializa en un cuerpo, con todo a su imagen y semejanza.

El Amor único es cada uno, es el ser, el generador Amor, también reflejo de la esencia que habita el cuerpo físico.

Y *la mente* es lo que une a todos.

La mente es el cerebro del Amor, donde está el conocimiento del orden universal; se conecta con todos los seres a través de la antena que es el cerebro que contiene todo el conocimiento y tiene acceso a él. Dicho de otra manera, el universo cabe en el cerebro del ser humano, esto lo puede llevar a entender el significado de su puesto en la Vía Láctea y en el planeta.

Los millones de seres a lo largo de millones de años, seguramente por la errónea educación, no saben cómo ni para qué están conectadas a la mente, pero con la paciencia del universo ahí están, esperando que alguno haga la diferencia.

CAPÍTULO 3
EN MEDIO DE LA LIBERTAD

Libres de los apegos, todo pasado queda conciliado
y sin tener qué cuidar ni de qué preocuparse,
están listos para vivir otro nivel de conciencia.

El ser humano se puede liberar de todos los apegos,
pues no necesita sino respirar para ser feliz.

Así, pueden vivir en cualquier lugar en el universo,
sin necesidad de cambiar a nadie ni nada.

Siempre hay un principio y un final; sin embargo,
en libertad en la cercanía al Amor se puede romper el ciclo
y ser eterno.

Es grato venir a este planeta cuando se puede disfrutar la vida
y generar Amor.

Todos nacen libres para disfrutar y cumplir en armonía
lo que pidieron desde antes de nacer.

***INHALEN SUAVE TRES VECES
EXHALEN TE AMO***

22. ALIENTO DE VIDA

El Amor Primogénito da la vida y nunca la quita, el Amor Creador da el aliento de vida que es el impulso que recibe todo ser vivo para que el cuerpo se anime a inhalar y exhalar.

Pero solo después de cortar el cordón umbilical e independizarse de la matriz, el ser nace y se hace único.

Cuando el ser deja el cuerpo, el aliento de vida no se pierde porque el Amor vuelve al Amor y el Amor generado se acumula y sin el Amor que mantenga unido los átomos del cuerpo, estos se sueltan y nada se pierde.

El aliento de vida es el permiso que cada quien recibe para habitar un espacio específico.

El ser humano materializado y bendecido con el aliento de vida nace libre para disfrutar y generar Amor.

Lo que se aprende con el aliento de vida es a responder *te amo*.

23. INHALAR Y EXHALAR

En el universo, lo primero que hace un ser al nacer es respirar.

Pero aprender a respirar solo lo hacen quienes buscan despertar la conciencia cuando:

INHALAN VIDA Y EXHALAN AMOR.

Inhalar vida es el triunfo del Amor y exhalar Amor es la diferencia entre la indiferencia de la muerte con la gratitud de la vida.

La respiración puede que la ignoren, pero de ella nunca se podrán escapar.

Los cercanos al Amor viven por la eternidad porque no dejan de respirar; los alejados mueren porque ya no existen, y no existen porque ya no respiran.

Lo mejor de la vida es respirar.

No desperdicien esa dicha.

24. MEMORIA AFECTIVA

No solo es respirar para ser feliz; se exige de una fuerza que rompa las barreras de la inercia; esa fuerza nace de las emociones y responde a la necesidad de renovar la *memoria afectiva*.

Cuanto se sienten tristes y desmotivados es porque esta está vacía y se activa, haciendo lo que les gusta, caminar, contemplar, trabajar, acercarse a la gente, a la familia, a los amigos; así se va cargando. Esto favorece la celebración de matrimonios, anima a tener mascotas, a coleccionar fotos, a desarrollar proyectos, y aunque les guste la soledad, cuando están rebosados de Amor pasan a otro nivel de conciencia, la vocación se expande y comenzarán a hacer lo que nadie puede hacer por ustedes.

Cuando activan las emociones alejan la pereza y la ilusión; emanan claridad mental, visión, proyección, valor y decisión; es emoción tras emoción cercana al Amor como fortalecen la memoria afectiva y la seguridad en ustedes.

La emoción pierde valor en muchas personas, grupos sociales y políticos cuando la convierten en obligación. Sin memoria afectiva funcionan según el ego, el sexo y la productividad, atrapados en torno a la virtud del dinero, –astucia, control, acumulación–, sin el mínimo refuerzo afectivo, muy lejos del Amor.

25. EL CICLO DE LA VIDA

Los seres vivos cumplen sin vacilación el ciclo de vida: nacer, comer, dormir, crecer, jugar, compartir, reproducirse, acumular Amor y en la sabiduría de la vejez dejar el cuerpo, para volver a repetir el ciclo en cualquier parte del universo.

El ser humano con el poder del Libre Albedrío puede romper este ciclo, cuando decide acercarse al Amor Superior y en su cercanía pedir el bautizo del Espíritu de la Verdad, el premio: despertar la conciencia superior y no volver a nacer ni dejar el cuerpo.

La muerte no existe porque el Amor en todas sus dimensiones es eterno, la muerte solo sucede una vez en la eternidad y es por siempre, y esto solo les sucede a los alejados del Amor cuando dejan de existir.

Por eso no se acostumbren a vivir lejos de la felicidad, ni dejen en manos de otros su libertad.

Alégrense los que hacen un esfuerzo para ver, oír y entender las cosas como son.

26. PODER DEL CUERPO

*Cuando reciben el Poder del Verbo y el
Libre Albedrío todo va en armonía, pero
cuando reciben el Poder de la emoción se vuelven locos diciendo y
haciendo tonterías.*

El cuerpo esta diseñado por el Amor Superior y por ustedes con el Amor acumulado.

¿Pero, para qué el cuerpo que recibieron?

Para disfrutar la vida y compartir o para reprimir, castigar y hacer daño a otros.

El cuerpo siente, aprende, disfruta, da y recibe, pero la mayoría lo degrada tanto que lo dejan morir prematuramente, enviciado a la comodidad, a la vanidad, a la gula; y no ponen cuidado cuando reclama su atención, no se dan cuenta sino hasta cuando hay dolor.

El cuerpo es el reflejo de lo que hagan con su vida, por eso edúquenlo en la austeridad de lo mundano y en la abundancia del Amor hasta llevarlo a un grado de éxtasis y dicha permanente.

Enséñenlo a vivir de inhalar y exhalar, que sepa que cuando hablan decretan, todo lo demás se puede hacer con telepatía.

Lleven el cuerpo a conocer el mar, la nieve, el bosque y el desierto; no le enseñen algo de lo del mundo para no salir del paraíso.

Llévenlo cerca a los demás que exprese y que aprenda a negociar lo que quiere sin alejarse del Amor y en el mejor de los casos comparta el éxtasis de vivir. Enséñenlo a reconocer el valor que merece la libertad.

Cada quien decide qué hacer con el cuerpo, pero hagan lo que hagan el Amor siempre está ahí, nunca están solos, a menos que se alejen tanto que no los reconozca.

Decreten, "Amor es Ley y es Dios" y suéltense a vivir lo que pidieron desde antes de nacer, así no sentirán temor, envidia, dolor ni soledad y si así sucede, crean, porque, así como creen así sucederá en algún momento en la eternidad.

Oirán la música del cuerpo cuando lo que quieren se armoniza con lo que reciben.

De un lado la emoción emite gratitud, del otro, la voluntad celebra, cada movimiento genera un sonido y como el canto que los envuelve, solo el Amor los podrá sorprender.

27. EL COMBATE

El Ser cuando hace conciencia del cuerpo entiende que no necesita nada que no sea propio ni nada que no genere Amor; esto significa que la razón está en lo que ustedes quieren, no donde les conviene; ese es el triunfo de la vida sobre la muerte.

Cuando deciden alejarse del Amor por hacer lo que les conviene, se alejan de la perfección y el bien y el mal toma control de la razón dando poder al ego.

Ya esclavos del ego sus armas son el temor, la duda, la falsa inteligencia de usar la razón para justificar sus actos.

Pero como la razón no tienen como generar Amor, −porque no puede identificar lo que no conoce como son las emociones, ni lo que no tiene forma, como es el Amor−, entonces controlan todo por medio de la astucia, fuerza y la violencia, hasta llevar a las cenizas el Amor único de cada uno, donde no existe el más mínimo indicio de vida.

Hasta que no liberen la razón no se podrán poner del lado del Amor para enfrentar el verdadero combate entre la vida y la muerte.

28. RELIGIÓN

Cuando practican una fe o religión, lo que buscan es acercarse más al Amor en busca de valores más solidos que traigan felicidad y seguridad a sus vidas. Pero si solo la practican por aparentar, por temor o por obligación, la felicidad que tanto buscan nunca llega.

Entonces la seguridad se pierde y comenzarán a maldecir: ¿Ahora a quién seguiremos?

La esencia del ser busca la verdad que lo libere de las cadenas de la culpa, del temor, la mentira y los vicios; respuestas que espera encontrar en su religión.
Pero deben saber que el camino que les da ese continuo estado de felicidad y seguridad es seguir al Amor que hay en ustedes, respetando la invitación a la unión que ofrece su religión.

Pero si con lo que reciben no se liberan ni son felices, consulten a otros guías y si ningún estatus religioso, filosófico, político, tecnológico o económico satisface su sentido común, busquen el desierto, alejen lo ilusorio de sus ojos, oídos y corazón, y en la revelación de nuevos valores vean todo perfecto, encuentren la certeza de ser libres, de no ser culpables de nada, reclamen su derecho a ser felices.

Que su religión sea una sociedad libre de personas alejadas del Amor.

29. LA PERFECCIÓN

Cuando ven todo perfecto, se liberan
de la culpa y entienden que,

No son:

ni pobres ni ricos
ni buenos ni malos
ni blancos ni negros
ni sabios ni ignorantes
ni honrados ni corruptos
ni triunfadores ni perdedores

Solo son:

lejanos o cercanos
al Amor.

Comprobarán que la perfección sucede ahora mismo, cuando se concilian con el pasado, porque el Amor lo perdona todo y cuando se sueltan del futuro, porque el Amor nunca se equivoca.

30. EL PECADO ES ALEJARSE DEL AMOR

Muchos nacen bajo la influencia del bien y del mal, lo que los aleja del Amor desde el primer momento; es lo que llaman el pecado original.

Pero deben saber que el temor, pecado con la culpa y la muerte es algo que se aprende en la educación para reprimir las emociones con frustración y dolor; para alejarlos de su esencia y hacerlos esclavos de la productividad.

Bajo el poder del temor a no tener, la culpa del bien y del mal y la amenaza de la muerte, es difícil liberarse porque estos siempre atacan cuando encuentran algo que les dé felicidad.

No olviden: todo ser nace libre y no hay algo qué perdonar porque no son culpables de nada; y nunca mueren porque son eternos.

Respiren, no busquen seguir la ilusión del bien y del mal, busquen saber lo que quieren y solo crean en el Amor que puedan dar a la esposa, a los hijos, a la familia, a los amigos, al trabajo, a la gente, a la naturaleza, al planeta y al universo, es el vínculo que comparten para lograr lo que pidieron desde antes de nacer. Algunos no saben que es Amor; por eso aprendan a identificar a los cercanos al Amor.

El pecado es alejarse del Amor al no aceptarse perfectos y libres.

31. MANIQUEÍSMO

Lo opuesto al Amor es el temor y se da cuando permiten que el ego controle la razón.

El ego no tiene la certeza de nada por eso se guía con el maniqueísmo, –ilusión que ordena todo en bueno o malo, según sus intereses– cuando utilizan el bien y el mal se alejan de la perfección y al querer volver, pero sin la conciencia de Amor, lo que hacen es racionalizar y manosear la *esencia* con leyes, dogmas y supersticiones; pero nunca tendrán la felicidad que buscan, alejados del Amor.

La búsqueda del control material de las cosas para ubicarse en una posición dominante no trasciende, pero sí esclaviza; y puede que aprendan a manipular los genomas, a consumir otros planetas, pero tampoco tendrán el poder que buscan, alejados del Amor.

La historia prueba que con el bien y el mal, el temor a la muerte y a la carencia –no tener que comer, techo, vestido– pueden manipular a los demás dejando una estela de dolor, odio y destrucción.

Pero el Amor aún sigue ahí, impreso en el interior de cada ser, buscando el momento de salir; de lo contrario, la humanidad será borrada de la faz del universo como opción de vida.

El camino, es por siempre disfrutar la vida en la cercanía al Amor.

32. RECREAR

Meditar es aquietarse y escuchar, es sentir las emociones y descubrir las causas y propósitos para vivir.

Orar es todo lo que puedan hacer, pensar y decir para mantener los poderes cerca al Amor.

Decretar es comprometerse con algo y entre más Amor generen más poder para lograrlo.
Pareciera que el Amor se volviera racional, pero nunca la vibración *te amo* por más que la usen con la razón deja de generar Amor.

Paz. Cuando no puedan meditar ni orar, ni tengan la fuerza para decretar, inhalen profundo y sientan qué los distrae o escriban sin pensar, hasta descubrirlo.

Llanto y tristeza son las expresiones cuando es difícil aceptar que todo en la cercanía al Amor es perfecto.

Recrear: es disfrutar lo que pidieron desde antes de nacer.

No hagan de esto una plegaria, no crean que por mucha palabrería recibirán algo.
En cercanía al Amor todo es abundancia.

33. AYUNO

No solo de pan vive el hombre, sino de todo 'aliento' que entre a su cuerpo y de toda 'palabra' que sale de sus labios.

En algunas culturas el ayuno es obligatorio y les enseñan: *–Al ayunar no pongan el gesto compungido como hacen los hipócritas para que los admiren, que con solo el ayuno ya tienen su recompensa.*

Es más fácil hacer ayuno si investigan sus bondades, así sabrán porqué y para qué lo hacen. Aunque no hay duda que el ayuno y no matar para comer los hace mejores seres humanos y más sanos.

Que el premio día a día no sea complacerse con los excesos de la comida, la bebida y los vicios; que el premio día a día sea respirar profundo inhalando vida y exhalando Amor, así se sentirán libres, vivos y satisfechos.

34. LA VOCACIÓN

Dar gusto a la vocación es motivo de felicidad y satisfacción y si madura se convierte en el medio para sufragar los gastos para vivir; pero las anarquías, las monarquías, el socialismo, el comunismo, las dictaduras, las democracias invaden el espacio individual quebrando el Libre Albedrío de las personas con temores, ilusiones y a la fuerza; así desvirtúan la meta sagrada del ser que se consume en ilusiones, dolor y frustración.

La estrategia más nefasta para acabar con la vocación es cuando el sistema da dinero sin trabajar al que puede hacerlo. El dinero fácil destruye la iniciativa, quebranta los valores y quedan a merced de los hilos de la corrupción.

Así como es en el cielo es en la tierra, de la vocación hay que dar parte al creador, porque de todas formas Él reclama lo suyo.

Otros, para salvar su vocación y a sus familias, sin maldecir ni protestar, se alejan de los gobiernos y sus impuestos, de los políticos y su corrupción, de la sociedad y sus valores, de los dogmas y sus restricciones, de la comida y sus excrementos, del cuerpo y sus debilidades, para sentirse plenos; ellos viven en un nivel más allá de lo mundano, son muchas tribus regadas por el planeta donde su vocación es ser felices y generar Amor.

35. UMBRAL DE LA CONCIENCIA

Para entender el mensaje de la Nueva Ley, debemos remontarnos a Babilonia, ciudad que por esa época hace parte del imperio romano; es una ciudad en equilibrio con la naturaleza, con avenidas y edificaciones adornadas con hermosos jardines y parques.

Años a.c. es un centro de estudio de sabios judíos llamados los "Amoraim", que significa: "aquellos que dicen o comentan" y en singular se pronuncia: los "Amorá", quienes transcriben en la *Mishná*, la *Torá*, enseñanza oral de la identidad del pueblo israelí, cuna del cristianismo y del catolicismo. Aquí el Hijo Amado, en uno de sus viajes en exilio, pasa algunos años deliberando.

Entonces la *Mishná*, el primer códice judío y la *Guemará*, otra compilación de acontecimientos místicos y terrenales, constituyen el *Talmud*. La *Torá* y el *Talmud* conforman la *Halajá*, cuya traducción literal es:

"*Forma de comportarse o de caminar*".

Tantos códigos, condiciones y restricciones propias del ego alejan al pueblo de su esencia, y atrapados a vivir en la ilusión, pierden el sentido de su existencia.

Por eso, muchos de ellos acogen la palabra

"LIBERTAD".

36. PRINCIPIOS DE LA NUEVA ERA

La palabra "libertad" en la Nueva Ley recopila el pensamiento moderno, del que resulta la única y verdadera manera inteligente, en armonía con el universo, de disfrutar la vida.

El Hijo Amado reclama con su vida la

"LIBERTAD",

umbral de las emociones, base de la evolución y el continuo despertar de la conciencia.

Pero la libertad no es el fin; solo es el único camino para acercarse al

"AMOR".

Pero el Amor solo tampoco hace nada, pues él siempre ha estado ahí; hay que generarlo y esto solo se logra a través del Verbo

"te amo".

Y sin pistas que los alejen del Amor, recibirán

"ESPÍRITU DE LA VERDAD",

síntoma que pronto conocerán lo que es verdaderamente ser

"LIBRE".

CAPÍTULO 4
GÉNESIS Y ÉXODO
EN EL IDIOMA DEL AMOR

TESTIMONIOS

*En adelante encontrarán testimonios, hechos,
expresiones, metáforas, parábolas, historias y leyendas
que cuentan como ha sido desde el principio
el despertar de la conciencia en este planeta.*

*No crean en todo lo que esta escrito,
ya que el papel soporta todo, ni crean en todo lo que oyen,
ya que el ego es astuto, es mejor leer la letra vivía
y escuchar la conciencia.*

INHALEN LARGO Y PROFUNDO
EXHALEN SUAVE *TE AMO*

37. EN EL PRINCIPIO

En el principio solo hay nada y una energía a la que llamamos:

Amor Primogénito

expresa la diferencia entre la nada y lo existente y en esa fracción de tiempo su expresión de nada a algo es la esencia de todo. Vibración que todos reconocen cuando escuchan el verbo *te amo*.

De esta vibración, efecto del primer instante se desprende todo lo que existe, lo que se ve y lo que no.

El Amor es el principio y el fin, es la esencia de todo, es lo único real y es perfecto, en él no existe la muerte y sin él nada sobrevive.

No hay otro conocimiento sobre el planeta que revele otra verdad a la razón y al sentido común, para satisfacer la conciencia humana.

Quienes no creen son los que se han alejado del Amor, pero aún no han podido borrarlo de sus corazones.

38. EVOLUCIÓN / CREACIÓN

Desde el primer instante el Amor Primogénito revela su esencia de Amor en todo lo creado, y libera cada partícula que evoluciona según la dirección que tome.

De la saturación de unión de partículas y del choque entre sí emerge la luz y la vida, custodiadas por la esencia, en pequeños ciclos se mezclan y entrelazan en auténtica creatividad en un sentir común.

En este proceso hacen conciencia de su aventura por el infinito, dando estructura material a la Ley Universal del Amor.

El Amor, esencia de todo, motiva y responde a toda necesidad evolutiva, –por gusto, necesidad, capricho o adaptación–, como testimonio de vida y simiente de felicidad.

De la saturación de creatividad emerge el disfrute al manifestar emociones. Así, el universo se llena de seres que expresan afecto, pasión y seducción.

De la saturación de experiencias, en busca de la estabilidad emocional, se da la exclusividad entre parejas que llevan a conformar familias que pueblan el universo.

Los seres incluyentes provocan por saturación el paso al siguiente nivel de conciencia.

39. EL SER HUMANO

De la saturación de afecto y en busca de la perfección, en el laboratorio genético en la mente del Amor Primogénito, el dador de vida, emerge *el Ser Humano*.

Que por saturación de opciones va reflejando *conciencia, presencia y emoción*.

Con la vida y por el gusto de tener con quién compartir, le da el *Poder del Verbo*.

Por el gusto de conocer el Amor único en cada uno, le da el *Poder del Libre Albedrío*.

Y por el gusto de compartir la felicidad, le da el *Poder de la Emoción*.

Y para completar su obra les confiesa: *"Serán como dioses"*, a mi imagen y semejanza. sin descuidar esta advertencia:

No se alejen del Amor.

40. EL EGO

Con los poderes recibidos la persona se hace autónoma como para justificar independizarse de su Amor Superior y vivir según su ego. Pero no se ufanen por creer que tienen el control; el ego desconectado de la esencia siempre se está retando en cómo disfrutar la vida y cómo generar Amor.

Y son tan pretenciosos que creen que pueden imitar las emociones, al ser único de cada uno, ser confiables, amables y decentes.

Liberarse del ego solo se da renaciendo del *te amo*, algo imposible de imitar.

El enemigo no necesariamente es un alejado del Amor, pero sí lo es todo ego.

41. EL PARAÍSO

En la cima de la pirámide de la vida reposa la semilla del hombre y la mujer, que unidos por Amor, serán una sola carne y dos espíritus. Rodeados por toda clase de plantas y criaturas que se han ido adaptando a su medida y por respeto a la vida, aprenden a vivir de inhalar vida y exhalar Amor creando un paraíso.

En esta línea se da la sana saturación del planeta para dar el brinco genético.

Por eso se oye decir:

Son libres de disfrutar toda la creación, pero eviten acercarse al árbol de la ilusión de la ciencia del bien y del mal y matar y comer de su fruto, porque el día que lo hagan se alejarán tanto de "te Amo" que confundirán:

-Atracción con deseo, -verdad con ilusión,
-oración con plegaria, -Amor con interés
-disfrute con placer, -ser con tener, -proteger con sobreproteger,
-conciencia con suposición, -sabiduría con superstición, -vida con matar para comer, -eternidad del espíritu con eternidad del cuerpo...

Y se alejan tanto de la esencia y en busca del camino de retorno, encuentra en la oscura sombra del bien y del mal, la justificación para mentir, matar y comer.

42. LA ESPECIE SOBREVIVIENTE

Muchas parejas deambulan por el mundo en busca de cómo volver al paraíso.
En este proceso un hijo de una de estas parejas le parece cultivar la tierra, a otro le atrae domesticar ganado, y en este oficio parece ser merecedor de más Amor.

Esto despierta la envidia del mayor y se aleja tanto del *te amo* y sin poder controlar sus emociones atrapadas en la ilusión, decide matarlo y lo hace. Luego, libre de la ilusión, del temor y la envidia, entiende lo que hizo y se ahorca.

Un tercer hijo hereda el sosiego y la serenidad de las virtudes y guía al pueblo conectado a la conciencia de su Amor Superior, libre de temores y dudas, logra mantenerlos cerca al Amor, convirtiéndose en la especie sobreviviente.

Y aunque así sucede pasan muchas otras cosas, hasta llegar al humano moderno que hoy conocemos, en su mayoría alejados del Amor, muy lejos del paraíso.

Los Seres Superiores en la Cúpula del Cielo esperan con serenidad y paciencia que el Amor los haga reaccionar.

43. SE BUSCA

Los Seres Superiores eligen a un pueblo que mantiene su fe en el Amor, al que le prometen libertad y la Tierra para ser los guías de la humanidad.

Este pueblo cree en el *Amor como*:

- La esencia de vida, nunca de muerte.
- La fe que los acerca en un sentir común.
- El poder que mueve montañas.
- Algo intangible, imposible de representar en imágenes de adoración.
- El derecho de la mujer a compartir el espíritu, la libertad, la materia y la verdad.
- La Ley de vida y la medida de juicio.
- Lo opuesto al temor, a la duda y a la muerte.
- Símbolo de libertad por lo que no cultivan supersticiones ni esclavizan a otros seres.
- La certeza de que aquello que no logren por sí mismos, nadie lo hará por ellos.
- Acercarse a él como el único y verdadero trabajo.

Son ellos, con estos principios, quienes mantienen a salvo el Poder del Verbo Amor por siglos.

44. ROTA LA PROMESA

De este pueblo se rescata, ser unidos en su fe, con muchas historias de guerras y experiencias místicas y metafísicas, sin explicación a nuestro sentido común.

Haber madurado bajo el yugo de la esclavitud, aprendiendo el valor de la libertad.
Bajo el temple del desierto, forjando el espíritu y sin alejarse del Amor, se disciplinan y aprenden a entender el propósito material y el sentido espiritual de la realidad que viven.

A todo esto tienen que renunciar si quieren conocer el Espíritu de la Verdad.

Según la promesa, deben esperar a que muera el último que haya sido esclavo, pero como no muere y en el afán por salir del desierto caen en el bien y el mal y lo matan, y sin lograr el nivel de madurez esperado desprecian la libertad, toman un pedazo de tierra y poseídos por la ilusión construyen un templo de adoración con el que condena a su pueblo a la esclavitud de la justicia humana, al olvidar que la única forma de ser guías de la humanidad es en libertad, desapegados de todo, en la cercanía al Amor.

45. LOS DEPREDADORES

Desde los albores, la humanidad acepta la existencia del espíritu como una energía libre, eterna, que viaja por el universo. En ese ir y venir algunos se anclan a este planeta por su belleza y diversidad, y les parece "bueno" apropiárselo; bajo esta oscura ambición caen en la ilusión de poder lograrlo.

Estos son los depredadores, seres apegados a lo material y se justifican con el bien y el mal según sus intereses.
Sus emociones se nivelan a la de los reptiles por prescindir de memoria afectiva, por lo que su extinción no afecta al planeta en su proceso de sana saturación; al contrario, dejan de ser fuente de destrucción.

Entre los animales se depreda al que se aleja del sentido común de la manada.
Entre los humanos lo más natural se convirtió en favorecer la vida del corrupto, lo que va en contravía con la naturaleza. No liberarse de la manzana podrida altera la sana evolución de la comunidad, en sus principios de disfrute y generación de Amor.

Al no permitir que el orden se imponga, la comunidad se contamina, hasta el punto de convertirse ellos en los líderes del destino de la humanidad; y como cualquier alejado del Amor depreda y destruye todo lo que simbolice vida, evolución y libertad.

La supervivencia del planeta está siendo atacada duramente por el temor en su punto más vulnerable, en la libertad de aplicar la Ley.

Los depredadores tienen al filo de la extinción la vida humana.

Es por esto que pueden decretar:

—*Que la Cúpula del Cielo destruya a los alejados del Amor sin retorno, por no ser opción de vida sino de muerte.*
Ustedes no saben realmente quienes son, pero en la Cúpula del Cielo conocen sus corazones.

Superarlos los ubica en el paraíso
y al planeta como generador de
Amor para el universo.

46. EL DESPERTAR

En su momento llega al planeta el mensaje de la Nueva Ley en manos del Hijo Amado, como respuesta a la petición de dar otra oportunidad a la raza humana.

A su llegada, ofrece el mensaje al pueblo escogido, pero como lo rechazan y conspiran para matarlo, es cuando el pacto definitivamente se rompe.

Así el mensaje queda libre para ser entregado a todo el que lo quiera, sin importar su origen, sexo, raza, riqueza ni credo.

Este es el fin de la Ley Antigua, donde se cierra la puerta a la culpa, al temor, a la esclavitud, a la muerte, a la ilusión de la represión del bien y del mal y es la oportunidad de cambiar sus viejas ataduras de la carne por Amor.

Ahora el despertar de la conciencia en su siguiente etapa está por florecer en el idioma del Amor, dicha imposible de escribir en el papel igual a como está escrita en el corazón de todo ser.

47. TESTIMONIOS

Por la experiencia que tienen en la Cúpula de Cielo saben que sin el apoyo del Amor Superior es muy difícil despertar la conciencia humana; por eso los zarandean con vivencias místicas y sobrenaturales que es como creen que sí hay algo mas allá de lo que entienden.

Algunos testimonios:

Un sacerdote es enaltecido cuando el Amor Superior en forma de ángel lo visita y le dice:
—*En el cielo han escuchado tu oración; tu esposa Isabel, aunque entrada en edad, te va a dar el hijo que tanto has pedido, al que pondrás por nombre Juan.* Él irá adelante del Mesías *conciliando a padres e hijos, a rebeldes con ellos mismos, a ateos con la verdad, a dependientes, perezosos y adictos con la libertad.* Pero como este no cree, el ángel lo enmudece.

A María, comprometida en matrimonio con José, enaltecida también, el ángel le dice:

—*Tú que gozas de la cercanía al Amor por generaciones engendrarás al Hijo Amado, que con su mensaje liberará a la humanidad por siempre y no tendrá fin.*

A José, en un sueño el ángel le dice: —*José, no dudes en tomar a María por esposa, porque el niño en su vientre es el Mesías.*

48. ENTRE LAS MUJERES

María, progenitora del Hijo Amado, es llena de gracia, el Amor está con ella por generaciones, ella es bendita entre todas las mujeres y bendito es el fruto de su vientre.
Ella ruega por todos a toda hora y hace lo inimaginable para que se acerquen al Amor.

Ella es un ser de luz, vida y libertad, por lo que lamenta que la mayoría de oraciones que escucha en su nombre no las pueda responder, porque al orar sin conciencia no consiguen nada, porque ni se acercan ni generan Amor, no se liberan de las culpas, los temores, las supersticiones, los vicios, los secretos, las intrigas y dice:

—Yo estoy con ustedes; pero si no actúan a conciencia es porque no creen o no se quieren querer a sí mismos; yo clamo Amor para que se liberen, crean y se quieran a sí mismos...

Quiero que se de ese milagro.

Si así lo creen y lo decretan repitan:

—Yo creo... me quiero... amo mi existencia...

Ella, como la María que todos tienen en el cielo, es la señora de la galaxia —por eso es consecuente decir "Mi Señora María"—, es eterna, está donde quiere, cuando quiere y es parte de la Tierra en múltiples epifanías.

Por su alegría y ternura de ser amoroso,
se organiza a su alrededor toda una red de compasión y sanación.

Es a ella, que, con su poder de Amor, de Madre y esposa, le pueden pedir la pareja con quien dar parte al Amor Primogénito.

No es que ella pueda cambiar lo que pidieron desde antes de nacer, lo que ella puede hacer es ayudar a que no dejen pasar lo que pidieron, y si sucede, darles un par de oportunidades más, porque ella como todos los seres del cielos quieren que sean felices.

Pero si por sobreprotección no se dan cuenta de las cosas que pasan, ella ni nadie puede hacer algo; ya es cuestión de ustedes merecer otra oportunidad, no es buscar porque seguramente caen en el capricho de la ilusión del lo bueno y lo malo.

49. NACIMIENTO DE JUAN

María visita a Isabel y cuando la saluda,
la criatura en su vientre, que nunca se mueve,
se mueve; entonces ella emocionada dice:

—*¡Bendita entre las mujeres!*

María responde:

—*¡Dichosas nosotras por creer!*
¡Solo en los cercanos al Amor se hacen milagros!

—Isabel da a luz un niño y sin saber qué nombre ponerle, el sacerdote enmudecido recobra el habla anunciando: ¡Su nombre es Juan! y alaba al Cielo diciendo:

—¡Bendito sea el Amor, Padre del *universo! nos honras con un hijito, sol de un nuevo día; cuando en su gran misericordia el pecado será borrado hasta el fin, porque verdaderamente el Amor existe y lo perdona todo para florecer; es el principio y el fin, es real y es poder; también es vida eterna, por lo que vale acercarse y vivir en él.*

50. NACIMIENTO Y HUIDA

José sale con María encinta a su ciudad natal a registrarse como ciudadano del imperio; allí, en un establo que adecúan por no encontrar mejor alojamiento, María da a luz.

A unos pastores que duermen cerca, se les aparece un ángel que les dice:

—Ha nacido el Hijo Amado, el creador, lo encontrarán anidado en el pesebre.

Luego los ángeles cantan y los pastores salen corriendo y cuando ven al niño se ponen a cantar lo aprendido y luego cuentan lo que dicen acerca de él; así, todos los que se han agrupado para oírlos cantar se admiran.

Testimonio de cuatro sabios enaltecidos que siguen la luz de un fenómeno celeste, que les señala el sitio donde se aloja la familia y con sus regalos financian la huida que tienen que emprender.

Testimonio de José cuando el ángel le dice:
—¡José, levántate, toma a la familia y huye, porque hay quienes buscan al niño para matarlo!

51. EL DÍA DE LOS INOCENTES

El rey y gobernador por parte del imperio de esta región, al oír que ha nacido el Mesías y por temor a perder algo manda matar a todo niño menor de dos años en los alrededores; fecha que se recuerda como:
el día de los inocentes.

Nuevo testimonio de José cuando el ángel le dice:

—Regresa, porque ya murieron los alejados del Amor sin retorno que querían hacer daño al niño.

Cumplidos los nueve años, el niño da su propio testimonio cuando visitan la ciudad y de regreso se queda sin avisar. Cuando lo encuentran en el templo, entre los maestros, cruzando preguntas y respuestas... le reclaman:

—¡¡¡Hijo!!!, ¡¡¿por qué nos haces esto?!!
—¿Pero por qué se preocupan?
¡Si ya tengo edad para ocuparme de las cosas de la tierra y del cielo!

52. EL EXILIO

Hasta los trece años, el Hijo Amado vive la presión de cómo cumplirá su promesa de libertad si no le ven el gusto por las armas ni los ejércitos. Además de la muerte prematura de José, los nuevos hermanos, el acoso de las costumbres de la época para tenerlo de novio, lo obligan a buscar un espacio donde pueda aquietarse y conocerse mejor.

Un hermano de María, lo invita a vivir en su comunidad de sabios, místicos y filósofos y allí se exilia por algunos años.

Con la comunidad viaja y navega por el mar Rojo hasta La Meca, atraviesa el desierto hasta Babilonia exponiendo su mensaje; sigue al Golfo Pérsico y baja a la isla de Goa en la India; sigue la costa hasta Magdhara en lo que es Bangladés; se interna por el río hasta pasar Paro y Timbu en el Himalaya, dejando su huella por donde pasa. Viaja por el mar Mediterráneo visitando Grecia marítima, Gozo y navega hasta el golfo de Lion sin parar ni tocar tierra firme.

53. TESTIMONIOS DE JUAN

La vocación de Juan es bautizar, escuchar y confesar y la penitencia que impone es:

–Demuestren con actos lo que hay en sus corazones.
Los que tienen, superen los apegos y sean generosos.
Los poderosos, superen el ego y generen mucho disfrute.
Los lideres superen la vanidad y den ejemplo de Amor.
Y no se ilusionen diciendo que descienden del pueblo escogido, porque de estas piedras pueden salir sus descendientes.

Pero tampoco se preocupen, hagan lo que quieran, porque en la Cúpula del Cielo conocen sus corazones.

–Los jerarcas de la Ley Antigua se acercan y le preguntan que quién es él.

–Yo 'no' soy el Mesías, solo soy una voz en el desierto que anuncia su llegada.

–Si 'no' eres el Mesías, ¿por qué bautizas?

–Yo bautizó con agua, como testimonio de la presencia del Amor y la vida. Pero el que viene es más cercano al Amor Primogénito, él bautiza con luz como testimonio de la presencia del Espíritu de la Verdad.

54. TESTIMONIO DEL CIELO

El Hijo Amado busca a Juan y después de ser bautizado y aún en el agua, el cielo se abre y se ve bajar una luz brillante que se posa sobre él y todos oyen una voz que dice:

Este es mi Hijo Amado...
el portador del Espíritu de la Verdad,
en quien confío y me identifico.

Juan declara: –He visto la luz bajar del cielo y posarse sobre él. Yo aún no sabía verdaderamente quién era él, pero el que me envió del cielo a bautizar me dijo:

–Aquel en quien veas que el Espíritu baja y se posa, él es el portador del mensaje.

Yo ya lo vi y ahora soy testigo de que él es el *símbolo de la libertad, el Mesías.*

55. EN EL DESIERTO

Después de ser bautizado va al desierto por cuarenta noche y es confrontado.

Al sentir sed, la arrogancia le dice: —si eres el elegido, ordena que las piedras se conviertan en pan y la arena en agua.
—*No solo de pan y agua vive el hombre, sino del 'aliento de vida' que entre a su cuerpo y de toda 'palabra' que sale de sus labios.*

Al sentir soledad, la vanidad lo eleva sobre las naciones, su gente y oye: —*Haré que todos te veneren si te arrodillas y me adoras.*
—*No vine a que me adoren ni a adorar, vine al mundo a dar Amor.*

Al sentir inseguridad, el temor lo lleva a un precipicio y oye: —*Échate colina abajo a ver si los ángeles vienen a salvarte.*
—*Con la voluntad basta para estar donde quiera, no pongas a prueba el Poder del Verbo.*

Al sentirse fuerte, la ilusión lo acecha con fieras y tempestades y oye: —*Te daré poder sobre los elementos y las criaturas, si me reconoces.*
—*¿Por qué reconocer la ilusión del bien y del mal si el Amor Primogénito me honra con el Espíritu de la Verdad y la Vida Eterna?*

56. MI HIJO AMADO

Al regresar del desierto todos oyen al Amor Primogénito dar un nuevo testimonio:

Este es mi Hijo Amado, en quien me deleito,
veo en él el Amor pleno resplandor y
con todo su poder.
Veo cómo todos ponen su esperanza de Amor, vida y libertad en él, igual que los gobiernos de todas las naciones.

Su Amor y su alegría son la luz de la humanidad.

De su mensaje todos reciben bendición
tras bendición.

57. REVELACIÓN

Un día de oración entra al templo y lee la única estrofa en "Letra Viva" entre todos los miles de libros, folios y pergaminos que allí recopilan, que traducida al idioma del Amor, dice:

El Amor Primogénito, que es Ley y es Dios, esclarece la verdad universal en un mensaje que anuncia libertad para todos; que abre los sentidos y el entendimiento a quienes quieran ver las cosas como son.

Y con el poder que lo distingue, proclama:

–Hoy se ha cumplido este designio sobre mí.

Inmediatamente muchos lo rechazan, otros gritan y se desgarran la vestiduras y lo condenan a muerte; y es cuando queda en firme el rompimiento del pacto.

58. EL BIEN Y EL MAL

Al aceptar la ilusión del bien y del mal como guía de la razón, se convierten en dioses de pequeños mundos donde crean costumbres y leyes para juzgar a los demás, según sus intereses y conveniencia. Esto impide ver perfecto, abrir los ojos a la felicidad y vacía la memoria afectiva rompen la conexión con su Amor Superior; esto es causa de enfermedades transmisión verbal, como maldecir, quejarse, criticar, sabotear, burlarse, condenar, invalidar, tener listo el NO para todo.

Al no saber dónde encontrar felicidad, quedan en manos de la falsa sabiduría del bien y del mal que los anima a remplazar el Amor con tener, ahí conocen el abuso, la justicia humana, la manipulación, la culpa y competirán con los animales por el alimento; en esa confusión buscan la redención entre ellos, heredando el ciclo de destrucción por generaciones.

Bajo la competencia de los más poderosos, matarán para vivir; envenenarán con fuego la tierra, el agua, el aire y en la lujuria frenarán la sana saturación del planeta. Ellos creen que saciándose de cosas sanan su vacío afectivo.

Alejarse de la perfección por seguir la ilusión del bien y del mal es una decisión individual, porque ni el Amor Primogénito, ni los Seres Superiores con todo su poder pueden alterar un ápice del Libre Albedrío dado al ser humano.

EL AMOR ES INFINITO

CAPÍTULO 5
ORIGEN DEL PENSAMIENTO MODERNO

*La evolución se manifiesta en libertad
con renovadas emociones que expresan nuevas formas de vida.*

*Pongan en práctica lo que ya saben y dejen el pasado y el futuro,
porque solo en el presente pueden generar Amor.*

*La Nueva Ley es el origen del pensamiento moderno
y del nacimiento de una Nueva Era.*

*Es bajo la nueva ley de no alejarse del Amor cómo logran
que la vida, la verdad y la libertad se identifiquen
con lo que pidieron desde antes de nacer.*

***INHALAR TRES VECES
EXHALAR AMOR***

59. REINVENTANDO EL FUTURO DE LA HUMANIDAD

La otra oportunidad dada por la Cúpula del Cielo a la humanidad llega con el Mesías, él no viene a hacerse dios ni a salvar a alguien; solo trae el mensaje de la Nueva Ley de viva voz.

La Nueva Ley no llega a donde habitan en armonía con la naturaleza, él mismo dice:
Los sanos no necesitan médico.
Llega a una sociedad enferma, asesina y esclavista de pueblos enteros; pero a diferencia de otras semejantes, esta no ha caído tan profundo en la oscuridad de las supersticiones ni los dogmas.

La Nueva Ley recopila el pensamiento moderno que los libera del temor; libera los poderes como la fuerza más poderosa del universo.

La Nueva Ley los saca de la oscuridad y les permite ver las cosas como son y les hace saber que no están solos en el universo, que hay quienes los acompañan, porque allí también quieren que el Amor, la verdad y la libertad triunfen.

60. JUSTICIA / LEY

La Ley es divina.
La justicia humana.

La Ley dice: el que se aleje del Amor sufre
y el que se acerque es feliz.

La justicia en cambio, es creada por el hombre para manipular según sus intereses, y es así como los alejados del Amor entienden su poder.

Con la Ley todos ganan.
Con la justicia siempre pierde alguien.

En este planeta, como en cualquier otro, lo que se necesita es permitir que la Ley fluya y se imponga, algo que tarde o temprano sucede.

La Ley le da la oportunidad a los alejados del Amor hasta el ultimo minuto de sus vidas para que se acerquen, con la esperanza algo hipócrita que creen conciencia en ese ultimo instante y no mueran, aunque de todas formas tendrán que responder, no por sus fechorías porque alguien las pudo pedir, sino por alejarse del Amor.

61. VENGANZA

La Ley permite entender que la venganza es válida, pero no como lo plantea la ley antigua de ojo por ojo y diente por diente.

La venganza es lo que reciben cuando se alejan del Amor.

Pero solo en el Cielo conocen los corazones.

Pero si deciden tomarla en sus manos la forma sana de conseguir venganza y consolar el dolor que sienten, es delegar al Amor Superior esa tarea y que los ayude a sanar sus heridas y los recuerdos dolorosos; porque cuando ustedes toman el control, dan poder a la suposición, al odio y al ego, generando aún más dolor y tristeza.

Alivia sentir que no se traicionaron alejándose del Amor y cómo la sinceridad de su Amor deja una sensación de infinito.

Si no es suficiente delegar la venganza, entonces vénguense usando la razón y lo más razonable es perdonar hasta setenta veces siete: *te perdono… te perdono… te perdono… y al fin te perdono porque te amo, el Amor perdona todo.*

62. JURAR Y PROMETER

No hablen en vano de ilusiones, ni hagan juramentos ni promesas donde pueden perder la libertad, porque si no pueden hacer que salga blanco o negro un solo pelo, ¿cómo cumplirán con todo lo demás?

Que lo que hay en su corazón sea lo que salga de sus labios; que lo que es sí que sea sí y lo que no que sea no; ni se dejen comprometer con caricias, adulaciones, ilusiones, comida ni promesas.

Pero si lo que buscan es la aceptación de los demás porque no saben lo que quieren, antes de caer en lo que les conviene y se alejen del Amor; y en la búsqueda de sus propios valores vayan al desierto, ayunen, suelten todo y en la austeridad descubrirán que el camino es la cercanía al Amor; así sus actos tendrán sentido y emoción, y como quien renace del Amor y muy lejos de lo vano, podrán volver a confiar en ustedes mismos.

63. ODIO, PROBLEMA DE ELLOS

La ley antigua dice que odien a sus enemigos, pero les digo que pierden el tiempo, porque el Amor no condena, lo perdona todo, da la vida y nunca la quita.

Pidan que sus enemigos y ustedes mismos encuentren cómo superar la envidia que los lleva a odiar; porque lo que puede pasar es que lo que odian en los demás es lo que no aceptan en ustedes mismos.

Cuando se perdonen seguro perdonan a los demás, con esta conciencia llegan a entender que todo es perfecto.

A los que el odio aún los carcome protestando y haciendo daño, ¡déjenlos! es problema de ellos, son seres alejados del Amor sin retorno, pobres de espíritu; porque todo lo que se les dé se desperdicia, ya que cuando tienen quieren más y cuando no tienen también; nunca están satisfechos porque no saben lo que quieren.

Hasta que sepan lo que quieren y se perciban satisfechos, no dejan de ser sus enemigos.

Deleguen el odio y la venganza y vivirán la sensación de sentirse livianos y satisfechos.

64. LA MEJOR OPCIÓN

La mejor opción es la más inteligente y lo más inteligente en cualquier circunstancia siempre es y será la opción más cercana al Amor, y la opción más cercana al Amor es:
te amo.

Recuerden la gracia con que se pueden hacer las cosas, la bondad que los hace sentir perfectos, esa alegría que hace que todos amen la vida, esa gratitud que ilumina el Espíritu.

Los de la época se queda esperando que él los libere del imperio; aunque sí los liberó de la peor opción: el imperio del bien y del mal, con sus dogmas y supersticiones que esclavizan e impiden ver la verdad, disfrutar la vida y generar Amor.

65. LO QUE EL CIELO ABORRECE

Los amigos de la burla, al oír hablar del Amor, caen como aves de rapiña para criticar, sabotear y maldecir; a ellos les digo:

–Ustedes pasan por inteligentes y avispados delante de esta gente, pero lo que ustedes tienen por más elevado, el Amor, que es Ley y es Dios, lo aborrece.

Ustedes sabotean a las personas que intentan generar Amor, distorsionan y debilitan su intención para limitar su poder y sabiduría por la envidia de no tener el Amor a su alcance.

Menosprecian a los cercanos al Amor con el bien y el mal y dan fe a ídolos vanidosos y egocéntricos con lo que solo alimentan sus intereses materiales.

Todo lo que no es hecho con Amor, el cielo lo aborrece.
No crean que están solos en el universo, donde ya los aborrecen, ni entiendan el significado de muerte por la eternidad,

Ni que se vuelvan a mí para que yo tenga que sanarlos.

66. LOS FALSOS PROFETAS

Cuidado con los alejados del Amor, los falsos líderes, educadores e ídolos disfrazados de ovejas y por dentro son feroces, hambrientos de lo ajeno, ofrecen ilusiones con las que engañan y arruinan la vida de los demás.

Estos no pueden prolongar su vida ni un minuto, lo que quieren es hacerlos esclavos de sus ilusiones y tarde o temprano acabarán con su libertad, su fortuna material y espiritual y cuando solo les quede la vida, se la quitarán sin piedad.
Quienes caen se les pasa la vida temiendo romper con la ilusión; pero nunca es tarde.

Son su peor enemigo.

Por sus frutos los conocerán.

Una fruta podrida no puede volver a ser una fruta sana, solo en la cercanía muy íntima al Amor se puede dar ese milagro.

Quien quede en una situación de no retorno se expone a que otros pidan su destrucción; en esto no hay culpa; solo es así por sentido común.

67. LA LIBERTAD

La libertad es para dejar crecer al ser único que hay en cada uno.

Desde antes de nacer tienen la libertad para escoger cuando, donde y como quieren vivir, siempre bajo los parámetro del disfrute de vida y la generación de Amor.

Cuando nacen quedan atrapados en un pequeño cuerpo, que pueden dejar cuando quieran, pero es cuando empiezan a disfrutar la libertad a través de la emoción de los sentidos y generar Amor con sólo su presencia.

En la medida que crecen deben aprovechar la juventud para disfrutar la libertad a plenitud, porque para seguir generando Amor se enfrentan a dos caminos, seguir libres o comprometerse con generar vida, si escogen este camino, deben aprender a manejar la libertad de forma más estricta, sin frenar el crecimiento del ser único en cada uno.

Y después de cierta edad con familia o sin ella, deben saber que la libertad va abandonando al cuerpo físico, sin alejarlos del Amor hasta morir; de ustedes depende aprender a desmaterializar el cuerpo para no morir ni volver a nacer y vivir en libertad por la eternidad.

68. BANDERAS CAÍDAS

Esto dicen los discípulos:
—Hermanos, deben saber que la abolición del pecado se les anuncia en el mensaje de aquel que por el Poder del Verbo Amor resucitó.

Su cuerpo no se descompuso, se desmaterializó; nosotros hemos visto al Amor en todo su esplendor en la persona del Hijo Amado resucitado; la verdad revelada es que todos lo podemos seguir, ya que estamos exonerados de todo cuanto era pecado bajo la antigua ley; ahora somos libres para disfrutar la sabiduría y los poderes que nos fueron ocultos por generaciones.

Los discípulos van por el mundo, pero con su desaparición la Nueva Ley toma rumbos equivocados en conciencias confundidas. Así, la mayoría de los que tienen el control la incumplen, dando poder al bien y al mal, a la muerte y a todas las deidades, abriendo la puerta a la oscuridad, por donde ellos serán los primeros en pasar.

Otros hacen del mensaje el origen del pensamiento moderno, como lo han hecho, a pesar de sus equivocaciones, los seguidores de Pedro; y aunque ya existen sociedades libres y exitosas, falta erradicar todo lo que atente contra la libertad y la vida en busca de la sana saturación del planeta, para dar el brinco genético a un nivel superior de disfrute y generación de Amor.

69. OTRO CONTINENTE

Mientras tanto, en otro continente muchos de sus habitantes disfrutan la espiritualidad, cultivando alimentos que en el futuro salvan de la hambruna a la humanidad; pero la generosidad de estos nativos no es suficiente para librarlos de la destrucción de la sabiduría ancestral de sus culturas cuando son conquistados por cristianos; aunque algunos grupos nativos esclavizan y practican sacrificios propios de los alejados del Amor sin retorno.

Sin embargo, sobreviven suficientes como para transmitir lo logrado con Amor, y muchos se unen al rebaño en su llamado de Libertad.

Ellos prefieren morir azotados a ser esclavos y dejan el espacio a los invasores para que se cumpla la fusión de las razas en lo genético, material y espiritual.

Lo que salva la situación es que con ellos llega el mensaje en ese momento contradictorio de conquista y muerte, libertad y Amor.

Amor que muchos nativos conocen en su corazón, por lo que asimilan el mensaje con rapidez, sacudiéndose de las supersticiones e idolatrías; maduran con más humildad y espiritualidad que las culturas invasoras, pero les falta, como a todo el mundo, este último hervor de conciencia para liberarse de la ilusión y de las enfermedades de transmisión verbal.

70. NACIONES

En las naciones en donde se ve más orden, progreso y respeto por la vida, es porque sus fundadores dejaron estructuras más solida para defender el mensaje.

Las naciones alejadas del Amor solo copian y se mantienen rezagadas respecto a las naciones donde su gente desarrolla su vocación en paz, libertad y felicidad.

El Amor no se moldea al antojo de alguien, por eso los gobiernos defendidos y guiados por el ego más temprano que tarde se autodestruyen, como lo demuestran las ruinas esparcidas por todo el planeta.

El Amor solo es uno y crece por sí solo, y aunque nadie lo explica, todos lo viven y lo entienden, cuando al acercarse a él son felices y generan Amor… son las emociones que verdaderamente tienen valor en el universo.

Las naciones deben ser conscientes que el combate
es entre la vida y la muerte.

La vida es Amor, verdad, libertad
igual a felicidad y progreso.
La muerte es ego, engaño, esclavitud
igual a tristeza y ruina.

71. EL VERDADERO TRABAJO

El trabajo que justifica la existencia
del ser humano en este planeta es:

No alejarse del Amor.

Defender el Amor, la verdad y la libertad
del ego y del bien y del mal.

Mantener los Poderes cerca al Amor.

Disfrutar, inhalar vida y exhalar Amor.

Dar a los demás y al medio ambiente más de lo que le quitan.

Ser conscientes de respeto que merecen los demás seres vivos
cercanos al Amor.

Vivir la vocación hasta encontrar la felicidad, sin transgredir el
Libre Albedrío de los demás.

Superar el temor a morir y a la carencia.

Tener muchos planes donde sembrar Amor y vida.

Ser grato y reconocer la parte al Amor Primogénito.

Que estos sean los valores para educar a los hijos, a los que
dependan de ustedes y el consejo para todos a su alrededor.

Sin sobreprotegerlos, el riesgo es que al no reconocer lo real sean
presas fáciles de los depredadores.

Muchas veces cuando desarrollan lo que quieren se enfrentan a la poderosa red que controla el planeta, compuesta por una turba de locos que poco escucha, porque prefieren revolcarse en su propio bienestar presumiendo ser felices, *sínicos que obligan a* pagar más impuestos e intereses, engañan, roban, corrompen, esclavizan, destruyen y matan, indiferentes a su esencia; pero por fortuna no son eternos ni todos piensan ni quieren lo mismo que ellos.

Del trabajo de enfrentase a ellos no reciben paga, lo *único* que reciben es la sabiduría que da el *Espíritu de la Verdad* y ser los verdaderos guías de la humanidad.

Y con uno que evolucione, evolucionan todos. El que no, abrirá una brecha y serán los próximos primates del planeta.

CAPÍTULO 6
UN PASO MÁS ALLÁ DE LO MUNDANO

*Den un paso más allá de lo mundano
y descubran todo lo que les han ocultado por generaciones.*

Todo lo que den y decreten cerca al Amor se da.

*Sean optimistas, suéltense, aprendan de la experiencia de otros
y de la autenticidad de cada uno
y permitan ser mejores seres humanos.*

*Aléjense de la ilusión, perdonen, dejen los vicios,
suéltense de la carne, de lo material
y seguirán vivos en el espíritu por la eternidad.*

*Crean que sí hay algo más allá de lo mundano,
que si no fuera por eso la vida seria muy aburrida
y es por lo mismo que hay gente aburrida,
se alejaron del espíritu que los anima.*

***INHALAR PROFUNDO Y UN POCO MÁS
EXHALAR LARGO Y SUAVE 3 veces***

*No permitan que importe la forma quien lleve el mensaje,
que lo que importe sea que el contenido se ajuste
a su sentido común y lo puedan disfrutar y poner en práctica.*

*No es suficiente creer, falta que actúen
y aporten el Amor único que hay en cada quien,
pero no es pidiéndole a Dios que haga las cosas por ustedes,
es amando su vida y la de los demás,
generando Amor para el planeta y para el universo
y decretando que el Amor triunfe.*

72. MORIR INÚTILMENTE

El Hijo Amado ama tanto la libertad que da su vida a cambio de la de todos.

Con su vida libera a la humanidad de su condición de esclavitud, para que libres den un paso más allá de lo mundano y entiendan de lo que son capaces cerca al Poder del Verbo Amor.

No quieran ignorar su bondad ni su alegría.

Si entendieron esto, él no vino a este planeta vanamente.

73. REVÍSTANSE DE AMOR

Esto dicen los discípulos:

—Somos cercanos al Amor, pero no por cumplir la *ley humana*, sino por cumplir la *Ley del Amor*.

¿Pero acaso saben algo acerca del Amor?

Aprendan de los desposeídos que tienen esclarecido el entendimiento que los guía sin cuestionar lo que procede de la espontaneidad, que no se han endurecido en la soledad de la indiferencia, ni al ser juzgados cuando en sus excesos dejan exhibido abiertamente su corazón.

Despójense de sus enseñanzas, renueven la conciencia de la carne por la del espíritu y revístanse de Amor y hagan de su vocación su mejor opción de vida, donde puedan escuchar al sabio y al ignorante; al rico y al desposeído; al que come de todo y al que ayuna y al que honra lo que cree de forma diferente; sin entrar en discusiones.

Y es superando a sus padres, sacerdotes, doctores y maestros en hacer lo que es propio lo que los hace únicos y los acerca a vivir en el Espíritu de la Verdad.

74. ESPIGAS DE TRIGO

Por el camino sienten hambre, entran a un sembradío y arrancan espigas de trigo, las desgranan entre sus manos y comen.

Los sacerdotes que los siguen, le reclaman:
—¡Mira lo que hacen tus discípulos!

—¿Acaso no han entendido el significado de estas palabras?:

La vida es para disfrutar,
no para hacer sacrificios.

Si entendieran esto, dejarían de condenar a quien no ha cometido falta alguna, ya que:

El hombre cercano al Amor tiene autoridad sobre todo.

No se confundan ni se engañen con el poder primitivo aquí en la Tierra, porque todo no será suficiente para los del mundo: llenos, pero nunca satisfechos, no saben vivir porque no saben lo que quieren.

La Ley es divina, no humana,
la Ley es Amor.

75. SERVIR A DOS JEFES

No pueden temer y *amar* al mismo tiempo, porque el temor y el Amor son opuestos y si son fieles a uno inevitablemente traicionan al otro.

A ratos Amor, a ratos temor.
A ratos verdad, a ratos ilusión.
A ratos perfecto, a ratos bueno o malo.
A ratos que se haga lo que pedí, a ratos que se haga lo que me conviene.

De esto ninguna virtud florece.

Inhalen y exhalen y sabrán de qué lado están.

¡Decidan!

En esto no hay equilibrio, pues la vida es lo único y el Amor es todo.

76. SER PADRES

El ejemplo de Amor dado a sus hijos es la herencia más valiosa que pueden dejarles; porque así como reciben es como dan y de la cercanía al Amor depende su felicidad.

¿Qué tan conscientes son del Libre Albedrío de sus hijos? Ellos también están donde quieren desde antes de nacer y es cuando los escogen y ustedes aceptan.

No les oculten el *te amo*, superen sus propios temores porque la mediocridad se hereda.
Enséñenles a dar parte al Amor Primogénito, a decir la verdad, a expresar lo que sienten, a negociar seguros que lo que quieren; a ver la vida por el lado optimistas, que si quiere se puede; a identificar la pena, el qué dirán, la burla, los juicios, las humillaciones y el sabotaje para que no toquen ni afecte sus emociones; Denles a aprender lo que a ustedes les gusta aunque no le guste a su pareja y déjenlos que ellos después escojan y decidan como hacer lo que quieren, que es como ellos mismos se educan, sin sobreprotegerlos porque pueden dejar pasar las oportunidades y perder la conexión con lo que pidieron desde antes de nacer; repróchenlos si es necesario, pero sin alejarse del Amor. No olviden que son ustedes los que tienen algo que ellos quieren.

Ellos son perfectos porque el Amor no se equivoca con nadie. Ser padres es disfrutar a los hijos como son: bellos, tiernos, inocentes, seguros, perfectos generadores de Amor; y en la medida que crezcan aceptarlos como lo que van siendo, así crecen sanos y libres, serán auténticos y conseguirán lo que buscan.

Y si quieren ser sabios consejeros, tengan muchos hijos, que cada hijo trae sabiduría.

Experimentar en vida de los padres da el respaldo de la sabiduría ancestral; otros se sueltan temprano, otros prefieren no tener hijos ni adoptarlos, cada quien tiene sus razones.

La educación cercana al Amor permite ver todo más claro, así en el momento de conocer a su pareja no se sorprendan con la energía que sienten porque seguramente es su espejo energético, cerciórense que fue educada con Amor; así compartirán y disfrutarán como viejos amigos, y verán en la concepción éxtasis,
Amor, vida y felices prosperarán.

Los hijos de parejas disfuncionales no son culpables de nada; perdonen a sus padres si rompieron su corazón, apóyense en su Amor Superior, recarguen su memoria afectiva, escuchen el conflicto y cambien el filtro de la culpa por el de la justificación hasta admirarlos y amarlos como son, así como son
es como los pueden disfrutar.

Vivir esta experiencia de ser padres es ir al paso de ellos con la paciencia de los abuelos.

77. SER EDUCADOR

La educación es la segunda herencia más valiosa que les pueden dejar a sus hijos.

Educadores, cuiden el libre albedrío de sus alumnos; exijan de sus talentos, pero no compitan con ellos, ni los adoctrinen repitiendo y heredando el conflicto; en esto depende su salud mental.
Si son inconformes e inquietos, será porque tienen más sabiduría que la que les reconocen y más energía de la que gastan; si son rebeldes o conflictivos es porque saben lo que quieren y no lo pueden hacer o no los dejan o no saben cómo; o porque se desconectaron de su vocación y andan perdidos; permitan que expresen lo que sienten y enséñenles a sanar sus heridas.
Nadie nace aprendido por lo que no los maltraten ni los juzguen con el bien y el mal; demuéstrenles que la mejor opción es aprender a expresar lo que sienten, crean en ellos y con un hervor de paciencia, les ayudará a aclarar cualquier duda o polémica. Que sepan que a veces las personas los molestan porque les atraen y no tienen mejor forma de decirlo.
Enséñenles a identificar sus vacíos para que no caigan en el vicio que destruye.

¿Cuánto dolor, tiempo y dinero valdrá a sus padres o a ellos mismos los psicólogos y los procesos de reeducación para reconocer Amor en sus vidas y verse perfectos?

Guíenlos a ordenar sus vidas en torno al Amor por su vocación y por su familia.

Enséñenles la diferencia entre servir y servil; entre vocación y productividad; entre libertad y esclavitud; que la muerte no existe, que lo físico solo marca un tiempo, que pueden alimentarse dando a la naturaleza más de lo que le pueden quitar y que la diferencia entre un triunfador y un perdedor es la cercanía al Amor.

Enséñenles a bailar, nadar, cantar, tocar un instrumento; llévenlos a conocer el mar, el bosque, el desierto, las montañas, la nieve y su gente, las ciudades con sus extremos y que aprendan a leer la letra viva para que entiendan que todo el mundo está donde quiere, que eso es lo real del planeta que escogieron.

Estos sanos consejos van acompañados con tres advertencias:

No hagan dudar ni menosprecien a los que en el Amor creen.
Respeten la creatividad, la espontaneidad
y la autenticidad de cada ser.
Cuidado con hacer perder tiempo a sus alumnos con adoctrinamientos.

Porque recibirán lo que se da a los alejados del Amor sin retorno.

78. VIVIR EN EL ESPÍRITU

Por alguna circunstancia de disfrute o de maltrato, hay personas que a edades tempranas hacen conciencia que son seres perfectos, únicos y eternos; mantienen intacta la conexión con su Amor Superior, con lo que pierden el temor a vivir. Ellos saben que el Amor nunca muere, ni se enferma, no siente hambre, lastima ni castiga, no conoce la carencia, reconoce el dolor, pero no se afecta por nada, no critica ni enjuicia y disfrutan todo lo que hacen cerca al Amor.

Así que si un ángel o ser de luz aparece es sus vidas, crean, porque no están solos, es su Amor Superior o el de algún ser querido que se hace presente para revelar lo difícil de ver o de entender. Son experiencias místicas y paranormales, inmersas de luz que buscan acercarlos aún más al Espíritu de la Verdad.

Defender esta aseveración se presta para discusiones, donde es mejor entender que la ignorancia o la sabiduría es cuestión personal, por lo que no vale desgastarse en discusiones, ya que puede que lleguen a entender; lo difícil será que lo pongan en práctica.

79. VIBRACIONES MAESTRAS

Hay seres cuya vocación desde antes de nacer es servir al Amor, ayudando a liberar la conciencia de los demás; algo que algunos logran con solo su presencia. Pero en general no es fácil porque la mayoría de personas vienen a disfrutar la vida
y la superstición les da el amparo que necesitan.

Estos seres antes de entender quiénes son, sufren y viven confundidos –no hay quién los eduque– y para verse normales hacen las cosas del mundo; pero entre más normales se vean, peor se sienten.
En armonía, cuando reconocen su nivel de conciencia superior se tornan amables, clarividentes, agudos, generosos, prácticos, creativos, buscando despertar la conciencia de los demás, austeros, solitarios, confiables, con todas sus necesidades solucionadas para cumplir su misión, por su transparencia son víctimas fáciles de los estafadores y lo que antes creían una debilidad se convierte en una fuente de poder. Pero no pretendan llevar a los demás a su mismo nivel de conciencia y para evitar conflictos no se matriculan en ninguna religión, grupo o trabajo, no se comprometen
ni vienen a casarse, aunque lo hacen y dificulta su misión.

Ellos deben cuidar su cercanía al Amor, espontaneidad, brillo y fuerza interior.

80. TÉCNICAS DE RESPIRACIÓN

EJERCICIOS PARA HACER BAJO LA VOLUNTAD Y RESPONSABILIDAD DE CADA QUIEN.

Inhalen profundo, llenen los pulmones... sin retener el aire; estén atentos a todo lo que los rodea y mientras exhalan despacio, disfruten la sutil armonía de su poder conciliador.

Respiración abdominal: inhalen, inflen el abdomen despacio, al exhalar contraigan suavemente los músculos... con el objeto de masajear y activar los órganos... si se ayudan con la manos y pasan saliva, mejor; háganlo tres veces, tres veces al día...

Muchos dolores: de cabeza, migrañas, menstruales, picadas, angustias, estreñimiento son la respuesta a un vientre perezoso por lo que esta respiración ayuda mucho.

Respiración torácica: sin retener el aire, inhalen inflando el tórax profundo...hasta llegar a la posición firmes... exhalen suave por la nariz, tres veces, tres veces al día; sientan cómo se refresca el cuerpo.
En una respiración escaneen el cuerpo, verán cómo ahora están más conscientes.

Si detectan una molestia, respiren profundo llevando la energía tomada en posición firmes a la parte del cuerpo donde está la molestia. Exhalen suave, repitan tres veces dirigiéndose al mismo punto.

Respiración urgente: cuando contrariados, el genio cambie o se active algún vicio, o pierdan memoria, respiren profundo, abran ventanas y respiren; son momentos en los que sin darse cuenta dejan de respirar de forma normal, por eso deben hacer uso de la voluntad y respirar profundo.

Y si sienten una picada sorpresiva en cualquier parte del cuerpo, en especial en la cabeza —no hagan caras—, reaccionen, respiren profundo, suave, concentrando la energía en el punto del dolor y repitan hasta sentir el alivio que les permita generar Amor. Pero si el dolor sigue o hacen movimientos o sonidos inusuales, vayan a urgencias.

No se duerman, tomen aire, adquieran esta disciplina.

¿Quién no siente felicidad cuando es consiente del aliento de vida, al respirar?

Dedicarse a respirar a conciencia inhalando vida y exhalando Amor justifica la existencia quieta y pacífica de cualquier ser.

81. ALIMENTACIÓN

Parte de la alimentación es ayunar, hacerlo
debe ser una decisión personal.
El ayuno es dejar descansar el cuerpo de procesar comida por un tiempo; ayuda a sanar y a mantener desintoxicado el cuerpo.

Es sano cuando comen, respirar y masticar despacio, disfrutando los primeros bocados donde está el sabor; el resto es gula y agranda el estómago que es del tamaño de su puño más dos dedos de muñeca, después de agrandado es difícil y sufrido achicarlo y entre menos mezclas y más pequeños los bocados, es más fácil la digestión.

Manejar dietas depende porque cada cuerpo es diferente; además, la mayoría de alimentos quita al cuerpo más de lo que le aporta; el alimento que da todo sin quitar nada es lo que se consigue
a través de la respiración.
La mejor dieta es escuchar el estómago y parar de comer cuando él lo pida. La gula, como todo exceso, los desconecta de la conciencia. Entonces si les da hambre respiren profundo y si siguen tomen agua, aunque hay quienes viven en inedia.

Inedia es dejar de comer y beber de forma indefinida como lo hizo Prahlad Jani, quien vivió 81 años de sus 90 sin comer ni beber,
solo se alimentó de la respiración.

Así de sorprendente es la hazaña de Li Ching-Yuen, quien nació el 3 de abril de 1677 y murió el 6 de mayo de 1933 al cumplir 256 años; él, respira, come y se ejercita al mismo tiempo.
En los registros imperiales en 1930 encuentra, felicitaciones
por su cumpleaños 150 y 200.

En las antiguas escrituras hablan de personas de antes del diluvio —cuando los rayos del sol no llegan directo a la tierra, sino que son filtrados por las espesas nubes que no logran evacuarse por las altas

temperaturas que aún reinan sobre la superficie del planeta–
que viven hasta 700 años.

Estas teorías coinciden con la premura de saturar el planeta con seres cercanos al Amor para crear un tejido nervioso propio.

Por lo que vale reflexionar si se justifica sacrificar una vida por su carne. Era usual sacrificar un animal para celebrar una fecha, pero se convirtió en una costumbre diaria comer carne sin necesidad, pues hay fuentes de proteína que dan más de lo que quitan al cuerpo y encauzan un comportamiento más armónico con la naturaleza, lo que lleva a diferenciar a las personas.

De esta conciencia depende la vida, la evolución de las especies y la sana saturación del planeta.

82. INEDIA / RESPETO POR LA VIDA

No solo de pan vive el hombre, sino de todo 'aliento' que entra a su cuerpo y de toda 'palabra' que sale de sus labios.

De la saturación de alimentos y por respeto a la vida emerge inedia; esta es la forma de vivir de la respiración como única fuente de alimento.

Inedia tiene muchos contradictores igual que el antídoto universal clo_2 y la cercanía al Amor, porque creen que esto cambia las reglas del mercado de la comida, la tierra, las guerras, el consumismo y la salud a nivel global.

Inedia lo logro: Adán y Eva en el paraíso; Juan Bautista en el río Jordán; Jesús en el desierto y muchas otras personas religiosas y laicas, como: –Teresa Neumann, 40 años sin comer ni beber, el caso más estudiado; Ángela de Foligno, 12 años; Elizabeth de Reute, 15 años; Nicolás de Flüe, santo patrón de Suiza, 24 años. P. Straubinger, quien después de 10 años de practicar inedia vuelve a comer, y como director de cine entrevista desde el 2001 hasta 2003, entre otros, al Dr. Michael Werner, químico alemán, a la escritora Jasmuheen; a Zinaida Baranova, ingeniera rusa quien se expone a la cámara Kirlian y su reflejo sorprende por su perfección; pero la entrevista más impactante es la de Prahlad Jani, quien vive 81 años de sus 90 sin comer ni beber, muere en 2020.

En 2004 el Gobierno Indio exige una investigación y determinan que "no" es fraude.

Experiencias que se pueden respaldar con la teoría de "Fotosíntesis Humana" del Dr. A. Solis H. que sostiene que la melanina en los tejidos descompone la molécula del agua tomada del aire al respirar y captura el hidrógeno, energía pura, y la lleva a cada célula, energía suficiente para satisfacer sus necesidades.

Esto confirma el papel tan importante que juega la respiración en el ser humano y la diferencia que marca entre las personas que hacen conciencia de esto con las que no.

Lo anterior es culminante para determinar la autonomía del ser humano, que con solo el

aliento de vida,

techo, algo de ropa, en la cercanía al Amor, es suficiente para vivir y cumplir con fidelidad todo lo pedido desde antes de nacer.

83. EL AGUA QUE DOY

Los discípulos van a buscar provisiones, él se queda junto a un aljibe, –por lo general él nada come–; llega una mujer con un cántaro a sacar agua a quien le dice:

–¿Me puedes dar agua?

–¿Quién te crees para hablarme?

–Solo te pido agua para poder ofrecerte del agua que yo doy.

–¡De dónde, si ni siquiera tienes cómo sacarla!

–Sí, pero quien beba del agua que yo doy jamás volverá a tener sed ni hambre.

–Yo creo en mis antepasados que nos dejaron esta tierra, aquí venimos a adorar a Dios, junto al pozo donde está la vida. ¡¿Acaso eres tú más que ellos?!

–¡No! Pero ellos volvieron a tener sed y hambre, y murieron sin llegar al pozo.

–¡Sí! y ahora los sacerdotes dicen que debemos ir al templo en la ciudad a adorarlo.

–¡Sí vez que no sabes a quién amas ni a quién adoras! ¡Los que de verdad aman adoran al Amor en sí mismos y son fieles a él!

Ella deja el cántaro y regresa con los de su pueblo y le dice: –Señor, ¡dame de esa sabiduría para no volver a sentir hambre, sed ni nunca más vuelva a sentir temor!

84. SERVILES E INÚTILES

Un hombre tiene dos hijos y le dice a uno que si va a trabajar a la viña, él le contesta que no quiere ir, pero al fin va.
Le dice lo mismo a su otro hijo, él le contesta que sí irá, pero al fin no va.

—*¿Cuál hijo hizo lo que el padre quiso?*

En corrillo todos contestan: —*El primero.*

—Dicen entender, pero son testarudos y no cambian de parecer. Si es un ser cercano al Amor querrá que sus hijos decidan lo que quieran, porque el que sabe lo que quiere y lo hace genera Amor, por lo que recibirá muchas satisfacciones en la vida; así, el que se doblega a otros porque no sabe lo que quiere, pero lo hace con Amor, también recibirá muchas satisfacciones en la vida.
Pero el que sabe lo que quiere y no lo hace por doblegarse a otros, lo que recibirá son muchos golpes y cuando haya terminado de hacer lo mandado debe decir: —*Soy servil e inútil, no hice más que obedecer y cumplir con mis obligaciones.*

Tanto esfuerzo: nacer, crecer, hablar, leer, estudiar, aprender a comportarse, graduarse ¿y para qué? para que sabiendo lo que quiere otros le digan qué hacer, qué pensar, qué comer, qué pareja tener, qué tan astuto ser.
¿Cuál es su aporte?

85. EL AMOR EN USTEDES

Si ven el Amor que hay en ustedes y lo expresan,
pueden ver el Amor que hay fuera de ustedes,
entonces podrán decir que son felices.

Si no logran ver el Amor en ustedes es porque
se han hecho esclavos de la ilusión.
¿Siendo esclavos, cómo podrán ver lo que no se ve pero saben que
existe cuando disfrutan la vida y generan Amor?

La ilusión del bien y del mal es como un vicio que no los suelta,
que ni el mismo ego puede engañar.

Para alejarse de la ilusión dejen de ver la vida como buena
o como mala, observen que cuando están del lado del Amor
pueden ver todo perfecto.

El Amor nunca se equivoca y en el cielo solo aprueban
lo que genere Amor.

86. RÁPIDO, SIN AFÁN

No lo duden, suéltense de creer que tienen todo controlado, porque la vida es espontánea, auténtica, única y llega porque así la pidieron y lo pedido lo recibirán en abundancia, porque el cielo quiere que todos encuentren la felicidad.

Pero si por ponerse metas, caen en el afán y se alejan del Amor, solo les queda el cansancio, la confusión, la frustración, los accidentes y el deseo de culpar a alguien y hacerlo pagar con dolor.
No quieran estar ahí. porque será causa de su propia condena.

El tiempo pasa y lo único que queda es la emoción del Amor generado; si queda algo fuera de esto entréguenlo a su Amor Superior y que él les ayude a sanar su memoria afectiva.

No hay afán por controlar y acumular, disfruten lo que tienen; soltar no implica perder ni dejar de tener o de disfrutar, porque siempre vendrán nuevas emociones.

¿Qué es lo peor que puede pasar? que se sientan sueltos; esa sensación al comienzo genera angustia, pero poco a poco estarán disfrutando la libertad.

Y abierta la puerta sentirán las bondades de no estar controlando algo; sin afán todo lo demás solo existe en la ilusión.

87. RÍOS DE AGUA VIVA

¡Alégrense cuando por Amor se liberen!

–¡¡Nosotros somos libres!! –gritan.
–Todos los que engañan son esclavos
de la mentira del bien y del mal.

–¡¡¡Nosotros no somos esclavos!!!
–¡Por decirles la verdad me quieren matar,
eso los hace esclavos de la ilusión!
Pero si por Amor se liberan, verdaderamente serán libres; pero no, prefieren mentir y robar llenos de vanidad y cobardía igual como hicieron sus padres, hijos del engaño y la crueldad, y se complacen con eso; pero la verdad que tanto buscan no está ahí.

–¡¡¡Nuestro único padre es Dios!!!
–Si así fuera, me amarían como él a mí.

–¡¡¡Tú nos engañas!!!
–El Amor Primogénito es quien me ha concedido revelar su poder, el mismo que ustedes han recibido; yo acepté porque ciertamente hago caso a su palabra, yo no hago nada por mi propia cuenta
que no sea generar Amor.

¿Cómo pueden decir que los engaño?

Otros gritan: ¡¡Nosotros sí creemos!!
¿qué debemos hacer?

–*Acepten todo como perfecto y hagan
de todos seres dignos de ser amados.*

Y de su interior brotarán ríos de Agua Viva.

88. EL ROMPECABEZAS

Así se va completando el rompecabezas que demuestra a la luz del sentido común que el ser humano es autónomo, porque:

–Puede crear de la nada lo que quiere con el Poder del Verbo.
–Puede estar donde quiere con el Poder del Libre Albedrío.
–Puede ser feliz con el Poder de la Emoción.
–Puede vivir sin comer practicando inedia.

–Tiene lo esencial para disfrutar la vida: mente, aliento de vida, sentidos superiores, el Amor único con todos sus poderes, la compañía de otras personas, mascotas y la naturaleza.

–Tiene las herramientas para cumplir con su parte del trato: consciencia, fe en el Amor, memoria afectiva, voluntad, letra viva.

–Pero también tienen trabajo que hacer: defender la vida, la libertad, la verdad; ayudar a los del limbo a salir; liberarse de la ilusión del bien y del mal; lograr lo que pidieron sin cambiar nada ni dañar a alguien; y superar la muerte por la eternidad.

Así el mundo con sus estructuras tan sólidas como el acero se derrumba como arena ante la verdad, y a diferencia del mensaje de paz y Amor de los hippies, aquí hay que trabajar
para no alejarse de lo real.

CAPÍTULO 7
TODOS ESTÁN DONDE QUIEREN

EL LIBRE ALBEDRÍO

*Si quieren estar donde quieren,
aléjense sin temor de todo lo que no genere Amor.*

*Todo el mundo está donde quiere
y en la cercanía al Amor es perfecto.*

*Esta es la verdad que trasciende
y entenderla vale cualquier esfuerzo.*

*Llegar a donde están no es casual,
solo es posible porque así lo decidieron;
los únicos que no pueden decidir sobre sus vidas son los esclavos.*

*Si están donde quieren nunca sabrán lo que es la pobreza,
el aburrimiento ni la soledad.*

Si así lo pidieron, por qué no disfrutarlo.

INHALAR VIDA Y EXHALAR AMOR, SI QUIEREN

*Todos reciben lo que piden y si lo que reciben no es Amor
es porque están recibiendo lo que se merece el ego
por alejarse del Amor.*

89. TEMOR E ILUSIÓN

El Amor desde antes de nacer no permite nada que no genere Amor; pero por el libre albedrío en algún momento de sus vidas pueden escoger alejarse de él para vivir la ilusión; las herramientas de la ilusión para tener y controlar todo son el bien y el mal, así justifican sus acciones y coronan su ego.

En la ilusión de grandes proyectos y según sus intereses, matan, sobornan y etiquetan la vida de los demás en buenas y malas; hasta las uniones de pareja caen en esto,
siendo la más baja de todas las manipulaciones.

Inmersos en la ilusión, oyen el susurro del Amor preguntar:

—¿Por qué no los oigo reír? ¿No los veo disfrutar? ¿Por qué se esconden? ¿Han comido acaso del árbol
de la ilusión del bien y del mal?

—Sí —responden—, caímos en el temor de tener menos
y en la ilusión de tener más.

—*Tranquilos, porque quien cae puede levantarse;*
pero preocúpense porque todo no es suficiente
para el que se alimenta de ilusiones y temores.

Mientras exista el universo, la Ley es el Amor y en el Amor no existe ni bien ni mal; en él todo es perfecto y su triunfo: la Vida.

90. ¿A QUÉ VINO EL HIJO AMADO?

El Hijo Amado, el Creador de la Galaxia vino a este mundo por Amor, porque quiso vivir como un ser humano, vino por su propia voluntad, nadie lo obligó.

Vino a traer el mensaje y enfrentó la muerte para liberarlo hasta de su propia religión y de toda tradición, interés personal, social, politiquero, miliciano, económico; y de toda acción invasiva, represiva, destructiva e invalidadora.

Así el mensaje nace libre.

Vino, con el mensaje no para condenar ni para salvar, sino para cumplir una *promesa de Libertad*.

Con la promesa hecha realidad, libera el poder del Verbo de la mentira, le da sentido al Libre Albedrío y le da crédito a las emociones; demostró que en la cercanía al Amor todo es posible.

¿Qué otro motivo podía tener?

No demandó reconocimientos ni monumentos, no se preocupó por hacer una fortuna ni tuvo necesidad de heredar un nombre, solo pide que se acerquen al Amor.

91. TODO EL MUNDO ESTÁ DONDE QUIERE

¿Cómo saber que están donde quieren?
Observen los diferentes planos de su vida, si son felices, están donde quieren; si no, no.

El que sabe lo que quiere está donde quiere y encuentra la felicidad.

Pocos reconocen lo que quieren por estar desfilando a gusto por entre los valores del bien y del mal.
Así la voluntad ha sido doblegada por siglos con teorías y dogmas, con el único propósito de hacerlos dudar de lo que son capaces, alejándolos de la felicidad y esclavizarlos así:

–Espiritualmente: con temores y culpas, impuestos a través del bien y el mal, doblegando su poder generador de Amor.

–Físicamente: con dolor y castigos, doblegando su capacidad de disfrutar y explorar los lazos de la mente
y el vínculo con el poder del Espíritu de la Verdad.

–Psíquicamente: haciéndoles creer que no son responsables de sus propias vidas, debilitando el poder sobre su propia voluntad.

–Socialmente: intimidando con el temor a la muerte y a la carencia, con el poder del dinero y las armas por una posición social dominante que los aleja de su vocación.

Vocación que nunca se ajustará a un proceso racional.

Todos están donde quieren, pero solo serán felices cuando acepten que sí es verdad.

Y si aún no creen que están donde quieren, entonces respondan:

¿Qué están haciendo para estar donde quieren?

Si no están haciendo algo por conseguir una vida diferente a la que tienen, y aunque no sean felices, es porque están donde quieren. Acéptenlo sin forcejeos, ni pena, ni críticas, ni disculpas ni discusiones; solo suéltense y por lo menos dejen disfrutar al Amor Superior la experiencia del cuerpo,
que es lo que él también pidió y lo quiere disfrutar.

De lo contrario serán parte de las comunidades que han sobrevivido en la mediocridad de sus emociones, dando poder al dinero, a los manipuladores, a los ídolos, compitiendo por nada, olvidando defender lo esencial que es:

Que quien te ama te quiere feliz, por lo que no te encadena ni te condena, para que logres estar donde quieres.

Y cuando sean felices con lo que tienen, verán pasar sus vidas a otro nivel; seguramente al que ansiaban con desesperación.

92. LIBRE ALBEDRÍO

El Libre Albedrío tiene su puesto en la evolución, pues no ha habido pueblo o persona que no haya decidido luchar en algún momento por su libertad.
El Libre Albedrío es el poder dado al ser humano para que decida en dónde, el cuándo y cómo.

¿Quién los obliga a pensar, hacer y estar donde no quieren?

"Miren las aves que vuelan por el cielo: ni siembran ni siegan. Miren los lirios que visten los campos: ni labran la tierra ni hilan... solo están donde quieren.

Las personas y los pueblos reprimidos no evolucionan y quedan atrapados en el conflicto y la violencia, por lo que con el tiempo desaparecen.

Toda filosofía, doctrina o régimen que se interpone entre el ser, la Libertad, el disfrute y la generación de Amor lo que hace es impedir a su gente ser mejor.

La ilusión, el temor, la culpa, el pecado, el bien, el mal, el karma, el ateo, las fronteras…, son invenciones del ego humano para justificar su incapacidad de mantener su Libre Albedrío y el Poder del Verbo cerca al Amor.

Es usual, por la educación recibida alejada de la libertad, que las personas ignoren que pueden estar donde quieren y permiten que otros programen sus vidas y hagan del disfrute un castigo, algo difícil e inalcanzable.

No hay justificación válida para manipular el Libre Albedrío y aun menos, si es para infligir pena, sufrimiento y dolor.

¿Por qué permitir que los juzguen por hablar con la verdad
y los admiren por hablar con mentiras?

Se convirtió en costumbre decir "pero no le digas a nadie" "pero no
le cuentes a fulana", así encadenan a los demos a la mentira,
a vivir prevenidos, con el temor de lo que pueden hablar
y de lo que no, bloqueando la espontaneidad.

¿Por qué no perdonar el pasado, soltar el futuro y libres se suelten
a disfrutar lo que tienen, siendo esto lo que verdaderamente
les puede traer bienestar, alegría y felicidad?

*Es instante tras instante cuando deciden acercarse al Amor;
para nada más importante fue dado el Libre Albedrío.*

93. SABER LO QUE PIDIERON

¿Quieren saber y disfrutar lo que pidieron?

–Sí de verdad quieren, cierren los ojos y observen para adentro, en esa oscuridad están las estructuras del intelecto del ser que habitan, lo que pidieron desde antes de nacer.
Disfruten lo que ven y oyen en paz por tres minutos…
si no lo logran, **ocúpense de sus culpas y temores**, hasta quedar en paz con ustedes mismos.

–Mírense en un espejo de cuerpo completo, sonrían, lo que ven es lo que pidieron desde antes de nacer; mírense por tres minutos…
si no lo logran, **ocúpense de sus complejos**, recuerden que el Amor nunca se equivoca.

–Miren a su alrededor, 360º, escuchen, observen, las personas, las cosas, los eventos, eso es lo que pidieron; vívanlo en paz por tres minutos… si no lo logran, **ocúpense de sus prejuicios,** hasta disfrutar lo que pidieron y entiendan que están donde quieren.

Si superan las tres pruebas, son seres en paz y felices que disfrutan la vida; con dos pruebas superadas pueden vivir; con una pidan ayuda; con ninguna, al desierto para reordenar sus emociones y revaluar sus valores, y al aceptar en austeridad que todo es perfecto, rompen las cadenas de la esclavitud del bien y del mal y lo impredecible sucederá.

94. VIVIR LO QUE PIDIERON

Así que lo que sea que pidieron disfrútenlo,
porque el Amor que aprueba todo lo que existe
no se equivoca en nada ni con nadie, entonces
¿Por qué habría de equivocarse con ustedes? y
¿Por qué no habrían de vivir lo que pidieron
si todo está dado para disfrutar y generar Amor?

Hay seres diferentes que ponen a prueba las emociones; lo que hay que entender es que eso fue lo que ellos pidieron vivir desde antes de nacer, por un instante en la eternidad.
Si hablan con ellos, les dirán que se aceptan diferentes, pero perfectos y que los hacen sentir menos cuando los sobreprotegen; en esencia son iguales a todos porque sienten, gozan y sufren cuando se acercan o se alejan del Amor.

Los hijos piden a sus padres desde antes de nacer con el ansia de recibir el Amor que solo ellos tienen; los hijos que reconocen esto les demuestran Amor, respeto y gratitud.

Muchos ya cumplieron con lo que tenían que dar y hace tiempo debieron dejar el cuerpo, pero la tecnología alarga sus vidas y en ese tiempo de más ya no tienen que dar.

A veces la tecnología desvirtúa lo que pidieron
e ignora el respeto de haberlo logrado,
pero a otras personas les da el tiempo para conciliar.
El Amor les da la sabiduría para decidir.

95. TODOS SABEN LO QUE QUIEREN

–Señor, ¿cómo podemos ayudar a los que están en guerra?
–Perdonándolos, porque todos están donde quieren.
–¿Y por los que mueren de hambre?
–Enseñándoles a vivir en inedia, porque todos están
donde quieren desde antes de nacer.
–¿Y por los que caen en manos opresoras?
–Deseándoles conciencia y voluntad,
para que ellos decidan dónde quieren estar.

*–¡Ustedes deben saber que no están obligados
con nadie ni es su culpa el destino de los demás!*

Pero si quieren hacer algo por alguno de ellos, ¡háganlo!, pero
primero escuchen lo que ellos quieren, no supongan, porque,
aunque parezca difícil aceptar, todos saben lo que quieren,
están donde quieren y disfrutan cómo lograrlo,
aunque los muestren como víctimas.

–¡Qué situación tan difícil de asimilar!

–¿Qué has hecho por alguno de ellos?

–¡Nada! Eso lo sé porque me lo han contado.

–Pueden ver como esas noticias, manipulan tus emociones y tu fe,
pero la verdad es que no tocan tu realidad, sino tus culpas;
a otros sí tocan su realidad y harán lo que puedan.

Pero si por alguna circunstancia te piden ayuda, haz lo que quieras,
no importa si solo es un pensamiento, unas palabras o un decreto,
porque en el cielo conocen tu corazón
y con lo que hagas se regocijan.

Pero hagan o no hagan, no permitan que nada que no sea Amor los afecte, haciéndolos sentir culpables,
porque todo el mundo está donde quiere,
por lo que nadie está obligado con algo ni con alguien.

Ya saben que no están obligados con nadie ni con nada —a menos que sean responsables— ni es culpa de ustedes el destino de los demás; pero cuando el Amor llame, actúen con agilidad porque eso no sucede todos los días.

La vida es una experiencia individual por lo que cada quien debe cuidarla y estar atento.

96. LA MUERTE DE LOS MONJES

Unos soldados matan a unos monjes en oración
y ellos le preguntan:

¿Maestro, ellos murieron así por sus culpas?

–¡No! Desde antes de nacer cada persona decide con su Amor Superior y el Amor único, por el poder del Libre Albedrío, dónde, cuándo y cómo salir del sitio donde viven.

Todo lo que pidan que no los aleje del Amor es válido y todo lo recordarán cuando se acerquen a su Amor Superior.

Los soldados ejecutaron lo que los monjes pidieron y ahora irán a vivir a cualquier otra parte del universo con nuevas expectativas. Podemos entender que lo que pidieron fue irse populares, de prisa, alborotando la conciencia de otros, sin la incertidumbre ni la pesadumbre de la vejez y la enfermedad, y lo lograron.

Entender que lo que sucede es lo que pidieron desde antes de nacer, en la cercanía al Amor, justifica la experiencia vivida y da paz y mesura a las emociones.

El Amor desde antes de nacer nunca aprueba proyectar temor, sufrimiento ni esclavitud:

La naturaleza de ser humano es y siempre será generar Amor.

Si los monjes deciden en la eternidad volver a este planeta, seguro pedirán otras cosas.

97. POBREZA

No existe pobreza cuando están donde quieren.

—¿También creen que la pobreza es un castigo? Pues funciona igual: unos piden ahora vivir la pobreza o austeridad y otros, la riqueza.

—¿*Pero, por qué hay más pobres?*

—Porque en la austeridad es más fácil generar Amor, valorar lo que tienen, desapegarse, reconocer sus emociones, centrarse en lo que pidieron, ser generosos y expresar gratitud.

Es indescriptible ver que no hay pobreza cuando todo en el camino se va acomodando en orden, sin conflictos ni protestas, para llegar a donde quieren; es cuando entienden el milagro de vivir
y el Poder del Verbo Amor.

En la riqueza, desapegarse del orgullo, la vanidad, el poder, ser sencillo, bondadoso, grato, es más difícil; solo tienen tiempo para ellos, aparentan ser felices, patinando entre el bien y el mal,
y se cuidan hasta de su propia familia,
para que no les quiten ni una migaja.

No es suficiente tener o no, falta que se eduquen
en los valores que los acercan al Amor.

Siempre habrá pobres y ricos, unos conscientes de lo que pidieron, disfrutando lo sencillo de la vida y otros amargados ambicionando lo que no pidieron.

98. LOS VERDADEROS POBRES

Los verdaderos pobres son los que no saben lo que quieren y defienden la igualdad social sin méritos, con solo retórica; dicen que eso de que "todos están donde quieren" es fácil decir, si el que lo dice vive cómodo; pero deben saber que el que más tiene puede ser el más amargado si no esta donde quiere y probarlo es muy difícil, porque ¿quién quiere vivir la vida de otro para saber qué tan feliz es? Algo que tampoco se puede deducir por sentido común, porque cuántos "educados" en la austeridad amasan grandes fortunas y son felices, y cuántos "educados" en la opulencia prefirieren la austeridad para serlo; eso sucede porque todos están donde quieren.

Cuando llegan a este planeta, lo usual es recibir los mimos más arraigados del Amor: leche, familia, cariños y felicidad; y mientras crecen se van adaptando al núcleo social que escogieron y es cuando por conveniencia se pone en riesgo su vocación; porque si caen en el bien y el mal verán en el Amor, la austeridad, el desapego y la sencillez, algo peyorativo que contagia a los más débiles.

Por un instante miren a su alrededor y decidan como quieren ser felices: si vivir según lo que les conviene o vivir lo que les gusta.

99. EL CIEGO Y EL INVIDENTE

Dos ciegos piden limosna al borde del camino. Al oír un tropel,
uno de ellos pregunta qué sucede
y le dicen que es el Mesías que pasa por aquí.

Este ciego arrastra al otro gritando:
—¡Hijo Amado, ten compasión de nosotros, queremos sanar!

Los que van cerca lo reprenden, pero este grita más duro.
Al fin paran la marcha y los llama,
el que grita de rodillas a sus pies le dice:

—¡Señor, sánanos!

—Conforme a su fe, que se haga como han creído.

En aquel momento este ciego recobra la vista; el otro no y declara:

Yo ya he visto suficiente; prefiero seguir invidente pidiendo limosna;
soy consciente de mis limitaciones, pero es lo que disfruto;
no me imagino ni me interesa en esta vida vivir de otra manera.

—¡En este hombre no hay sufrimiento ni duda!
¡sabe lo que quiere y está donde quiere!
Todos celebran, lo bendice y continúa la marcha.

100. TE QUIERO SEGUIR

No pretendan vivir la vida de otro ni la misma vida del Hijo Amado, porque el Amor en cada uno es único, solo hay que permitirle que como un imán se exprese y se acerque a su vocación.

Este es un proceso individual con una sola meta: expresar ese Amor único que hay en cada uno, pero no busquen más excusas para alimentar la mediocridad.

–Señor, quiero ser tu esclava.
–En la esclavitud no hay virtud para servir al Amor, si quieres aprende de mi y sígueme.

–Señor, te quiero seguir a donde vayas.
–Tú decides, ¡sígueme!

–Pero primero voy a enterrar a mi padre.
–Deja que los muertos entierren a sus muertos.

–Voy a despedirme de mi familia.
–El que pone las manos en el arado y da vuelta atrás distrae su vocación.

–Quiero algo de comer y beber.
–El que pone el hambre y la sed por delante queda rezagado.

–Iré a concluir un negocio y vendré.
–El que sirve al dinero no sirve al cielo.

–Me llamaron a defender mi nación.
–¿De qué lado estás? porque la guerra de lado y lado los aleja del Amor.

–Voy por una herencia que me quieren quitar.
–Lo único tuyo es el Amor que generes y nadie te lo puede quitar.

–Señor te quiero seguir, pero enviare a mi criado
para que él me lo cuente todo.

–Quien da poder a otros para hacer lo suyo,
no conocerá la felicidad de haber llegado.

–Te quiero seguir y ser igual a ti.
–Pierdes tu identidad y cómo un esclavo
abrirá las puertas del paraíso.

–Pero ¿si por seguirte, Dios me castiga?
–Si sigues a dioses que castigan, es porque no conoces
al Amor que lo perdona todo.

–Hijo Amado, te quiero seguir.
–Tú decides, si lo que quieres encontrar es el camino
a la Vida Eterna.

El peligro de hacerse esclavos es que queden vacíos de verdad y sin tener cómo dar parte al Amor Primogénito pierdan la vida por la eternidad; ustedes deciden.

101. EL HIJO PRÓDIGO

Un hombre viudo y rico tiene dos hijos. El más joven le dice que le dé su herencia por parte de mamá. El padre, después de reflexionar, le entrega lo que le corresponde.

Este hijo, a los pocos días, vende todo y se aleja a vivir de manera desenfrenada. Cuando no le queda nada, va a pedir ayuda a sus nuevos amigos y ellos lo mandan a cuidar cerdos, ninguno le da más.

Al fin piensa: ¿cuántos trabajadores tiene mi padre con agua limpia y comida de sobra, mientras que aquí compito con estos animales malolientes? Iré y le diré:

—*Padre, me alejé tanto de tu Amor que no merezco ser tu hijo, pero acéptame como esclavo, porque conocí el Amor, la generosidad y la abundancia y abuse; así forjé mi destino.*

Cuando el padre lo ve, siente tanta alegría que sale a recibirlo con abrazos y besos… y la nariz tapada.

—Padre, me alejé… pero él lee el discurso en su cara y le dice que eso fue antes que volviera a nacer, ahora es momento de celebrar; pues este hijo había muerto y ha vuelto a vivir.

El padre les dice a los empleados:
—Ayúdenlo a despercudirse, vístanlo con ropa limpia, arreglen su pelo y sus manos, pónganle mucho perfume ¡¡y a celebrar!!

Al llegar el hijo mayor, le cuentan lo que sucede y esto lo irrita tanto que el padre se ve obligado a ir a buscarlo para que entre a compartir.

—Pero padre, ¿cómo es que llega este hijo tuyo que ha despilfarrado todo y le organizas un festín?

—Hijo, es el momento que aceptes a tu hermano tal como es. Además, cada quien disfruta y aprende a su manera; no hay juicio ante eso; lo importante es que tu hermano no se alejo del Amor y ahora vive porque sabe lo que quiere, igual que tú.
Si lo perdonas hoy, él te perdonará mañana y serán uno con sus familias hasta la vejez; y lo que gaste ahora él lo compensará mañana para ti. Este asiente y abraza a su hermano, reconociendo la alegría de volverlo a ver.

El padre con voz animada grita: ¡¡A celebrar!! porque ¿quién con once mil ovejas, si pierde una, cuando la encuentra, acaso no celebra y con gusto dice: ¡he recuperado la oveja perdida! Y cuánta más alegría, si recupera dos.

102. COMO NIÑOS

Los niños curiosos tratan acercarse para ver lo que está pasando, pero los discípulos no se lo permiten.

Él les reclama: no desprecien ni excluyan a nadie, menos a estos pequeños porque ellos también están donde quieren; aprendan de ellos, cuando quedan absortos mirando y observando al Amor en todo su esplendor; el reino de los cielos es de quienes son como ellos: seres inocentes, sin ilusiones, sin temor a ser juzgados, sin prejuicios que los alejen de la perfección; ellos son vida, alegría y paz, en ellos no se contempla la muerte.

Nunca los engañen ni los hagan dudar, pues les digo que su Amor Superior contempla sin parar el rostro luminoso
del Amor Primogénito.

Quien utilice el Poder del Verbo para alejar del Amor a quien en él cree, por muy importante que se crea, se comporta
como los corruptos alejados sin retorno.

¡Y ay de aquellos! pues a donde van no tienen regreso.

103. DOCE JÓVENES

Para estar donde quieren, aprendan de estos jóvenes, seis mujeres y seis hombres, que en su fiesta de bodas toman sus lámparas y salen a recibir a sus parejas.

Seis revisan las lámparas y se aseguran de llenarlas con aceite hasta el tope antes de prenderlas y seis las prenden sin ninguna precaución; y como las parejas tardan en llegar se duermen.

A la medianoche se oye gritar:
—¡Ya llegan!

Entonces se levantan, los que revisaron el aceite prenden sus lámparas y salen a encontrar a sus parejas y la luz les alcanza para entrar a la fiesta de bodas, cumpliendo lo que quieren.

Los otros, avivan la llama, pero su luz no les alcanza para encontrar a sus parejas y entre las sombras del camino y la penumbra de la noche se pierden. ¿Será esto lo que quieren?

Ya saben, llenen sus vidas con emociones cercanas al Amor, para que cuando llegue la oscuridad no encuentre por dónde entrar.

Así su Amor triunfará en sus vidas, en sus familias, en sus pueblos, en sus países y en el planeta.

104. EL MAYORDOMO ASTUTO

Un rico empresario tiene un administrador ladrón;
entonces lo llama y le pregunta:
—¿Qué es eso que dicen de ti?
¡Dame cuentas!
El administrador piensa: ¿qué haré ahora cuando este rico me deje sin empleo? no tengo suficientes ahorros, ni fuerzas para labrar la tierra y me da vergüenza pedir limosna...
¡Ah! Ya sé qué hacer para que alguien me reciba. Entonces reúne a los que tienen deudas con el rico y les pregunta:
—Tú, ¿cuánto debes a mi jefe?
—Ciento cincuenta barriles de aceite.
—Siéntate y apunta cien, aquí está tu recibo.
—Tú, ¿cuánto le debes...?
—Aquí está tu recibo...

El rico reconoce que aquel actuó con astucia.

Pero, tratándose de sus propios negocios, los que pertenecen al mundo son más listos, astutos y avispados que los que pertenecen al cielo. Saben acomodar el engaño y las palabras en su beneficio y hacen ver la mentira más confiable que la verdad.

Pero el que se comporta honradamente con lo poco, así se comporta con lo mucho. Así que, si con las riquezas de este mundo se portan honradamente, se le confiarán las verdaderas riquezas del cielo.

105. LOS CIMIENTOS

¿A quién se parece el que oye el mensaje y lo pone en práctica?
Se parece al hombre que escucha y está donde quiere y lo demuestra cuando para construir su proyecto cava –sin importar qué tan profundo, costoso, ni cuánto tiempo le tome–, hasta encontrar lo que busca: roca firme y sobre bases sólidas construye lo que quiere.
Cuando viene la tempestad y crece el río, el viento y el agua embisten con fuerza, sin poder destruir su proyecto,
lo que es motivo de celebración.

Pero el que oye el mensaje y no escucha, ¿a quién se parece? Se parece al hombre que no sabe lo que quiere y lo demuestra cuando construye sobre la arena, sin bases ni principios, con solo ilusiones y apariencias, copiando a los demás. Cuando embiste la tormenta y soplan los vientos desmantelan sus ilusiones; cae la lluvia, el río crece derrumba lo que queda y la corriente se lo lleva; pierde todo. ¡Es un completo desastre!

Esto no es motivo de celebración, sino la oportunidad de aprender a escuchar a su voz interior y volver a empezar.

CAPÍTULO 8
NO SE ALEJEN DEL AMOR

REINVENTANDO EL FUTURO DE LA HUMANIDAD

Los valores que acercan al Amor

Las únicas naciones libres y exitosas son las que siguen el mensaje
de Amor, verdad y libertad.

El Amor Superior dice que el que respete la Ley
y genere Amor disfruta lo mejor de la vida.

Nadie pude tener nada que el Amor no haya dado
y en la cercanía al Amor lo recibirán en abundancia.

Decidan darle el poder al Amor,
para que se exprese en todo lo que hacen.

INHALAR MUCHA VIDA
EXHALAR MUCHO AMOR

106. DIOSES SON

¿Di si realmente eres el Mesías?

—*Yo no dependo de ningún título humano porque el Amor, que es Ley y es Dios y yo somos uno...*

Entonces buscan piedras para lanzarle, pero él les pregunta:

—*¿Por cuál de las cosas que he hecho delante de ustedes me van a apedrear?*

—*Por nada que hayas hecho, sino porque tú, siendo hombre, te haces dios.*

—*Si el Amor Primogénito, que es Amor, es Ley y es Dios, llama dioses a quienes habita y da su poder creador a su imagen y semejanza, entonces dioses son.*

¿Cómo pueden decir entonces que los he ofendido?

Todo lo que hago es verdaderamente para liberarlos de la esclavitud y de la miseria en que viven.

¿Qué otro interés puedo tener?

Obligarse a no creer en el Amor es obligarse a vivir con una invalidez emocional, e inválidos de Amor solo les queda dominar todo por la fuerza, saboteando, matoneando y manoteando.

107. COMO HAS CREÍDO

Poder del Verbo Amor. Salen del templo y se acercan los pobres que esperan recibir limosnas y muchos enfermos que esperan ser sanados; uno entre ellos, enfermo de lepra, puesto de rodillas a sus pies le dice:

—*Señor, si quieres, sáname.*

Entonces, impone sus manos diciendo:

—*¡Que se haga como has creído!*

Y el hombre sana.

La gente sorprendida empieza a entender cómo es que se pide y lo que significa el Poder del Verbo cuando dice:

"*Que se haga como has creído*"

Porque toda enfermedad es para que en ella se demuestre el poder del Verbo Amor.

108. LOS ELEGIDOS

Las personas que lo siguen creen en su palabra, porque cerca a él sienten cómo su memoria afectiva se fortalece.
Estos son seres que disfrutan la vida de forma sencilla, con familias cercanas al Amor.

A uno de ellos le dice que sobre sus hombros descansará el mensaje y lo llama Pedro: *"Cimiento de Roca."*

Entre las mujeres que él sana, una lo sigue y él la acepta como su discípula.

Para la marcha y dice que ahí viene un cercano al Amor, en quien no hay engaño, y lo invita a que lo siga.

En la ciudad invita a un cobrador de impuestos y este lo sigue, luego en su casa se reúnen con otras personas de poca honra; los sacerdotes que lo siguen murmuran que cómo es que este que dice ser el Mesías come y bebe con todos esos pecadores.

Él les responde:

Los sanos no necesitan médico, sino los enfermos, pero los enfermos cercanos al Amor.

109. EL PLAN

No permitan que gente o naciones que no creen
en el Amor ni en la libertad los ronde.

La libertad no necesita de un plan porque nace con todos, pero eso
no significa que la tengan asegurada, porque hay quienes se han
traicionado a si mismos y vaciaron su memoria afectiva.

Ellos sí tienen un plan, donde su conciencia ya la tienen
programada para que sin importar cómo,
consigan el control de todo.

Es un plan del ego contra la esencia, es la guerra de la muerte contra
la vida, pero nunca podrán ganar,
pero si acabar con muchos cercanos al Amor.

Hagan de sus poderes el plan y decreten:

Que el Amor triunfe, sobre el ego y la ilusión del bien y del mal,
sobre el temor a morir y a la carencia,
sobre la muerte, la mentira y la esclavitud.

Testimonio:

El país más antiguo del mundo es San Marino,
fundado en el 301 D.C. por seguidores de la Nueva Ley,
que huyen de la esclavitud del imperio romano.

110. EL ELEGIDO

Esto dice el Amor hecho hombre,
el que fue sepultado y se ha levantado:
—Ya conocí tus sufrimientos
y tu pobreza, aunque en
realidad tienes todo para
ser feliz y muy rico.

Sé cómo hablan de ti esos
que no son otra cosa
que gente ignorante de Amor.

No te dejes meter miedos,
pues la misma mentira
con la que ellos hablan
los desprecia y sepulta
en la oscuridad.

Yo conozco el corazón de los
cercanos al Amor;
ellos no sufrirán daño alguno,
solo tendrán diez días difíciles,
no podrán disfrutar,
pero sí generar Amor.
Sean fieles a lo que pidieron
y a la fe en el Amor
hasta el final, y recibirán
la vida como premio.

111. EL QUE TIENE DE LENGUA LA ESPADA DE TRES FILOS

Esto dice el que tiene de lengua
la espada aguda de tres filos Amor,
verdad y libertad que parte en dos,
el Amor vuelve al Amor y
la oscuridad a la oscuridad.

*—Yo sé que vives donde la mentira
tiene su trono; sin embargo,
sigues fiel a mi causa y no niegas
tu fe en mí, mi testigo fiel.*

*Te reprocho que toleras cerca a ti
a algunos que no disfrutan,
ni se acercan al Amor,
ni lo quieren aceptar en ellos mismos.
Ellos hacen dudar a los inocentes.*

*Toleras a otros que no se apartan
de las enseñanzas que practican:
el temor, la mentira y la represión…
Estos no dejan fluir el Amor.*

*Muéstrales el Amor, la verdad y la libertad;
si no escuchan por estar en la oscuridad
muy lejos del Amor, di:
"Pido su destrucción"
e iré, y con la espada de tres filos
que sale de mi boca los destruiré.*

*A los sobrevivientes les daré una piedrecita para que pongan en su boca,
hasta que pasen de estos días de dolor a un mundo nuevo.*

112. EL QUE ES ETERNO

Esto dice el que es eterno,
el que tiene la llave de la sabiduría,
el que cuando abre nadie cierra
y cuando cierra nadie abre:

*—Yo sé todo lo que haces,
conozco tu corazón.*

*Has escuchado mi palabra
y has cumplido con la tuya,
y por tu decisión, voluntad
y constancia, te protejo de
la prueba que cae sobre
todos los habitantes
del planeta.*

*Conserva con firmeza lo
logrado con Amor para
que nadie te lo arrebate
ni lo quieras negar.*

*Mira, ante ti he abierto
una puerta, pasa…*

*Si pasas, te doy a conocer
el verdadero significado de
mi nombre.*

113. EL QUE ES AMOR

Esto dice el que ama la vida,
la verdad y la libertad:

*—Yo Amor me recreo en
la verdad y en la libertad,
y solo recibo Amor.
Yo se todo, sé que no eres ni
cercano ni lejano al Amor.
¡Ojalá fueras uno o lo otro!
Pero como eres tibio, te vomitaré
Y te repudiaré.
Si no quieres eso para ti, escucha:*

*Toma de mí... consejo, ejemplo y alegría...
para que sepas lo que es ser
verdaderamente libre.*

*Toma de mí... oro de verdad...
para que sepas lo que es ser
verdaderamente rico.*

*Toma de mí... ropas blancas...
para que sepas lo que es ser
verdaderamente puro.*

*Toma de mí... resina del Árbol
de la Vida...para que sepas lo que es ser
verdaderamente feliz.*

*Toma de mí... decisión y valor ...
si escuchas compartiremos
el pan y el agua de vida.*

114. CREADORES

El ser humano –sin dejarse influenciar por la justicia humana del bien y del mal–, es un generador de Amor único, como sucede a diario cuando decretan y comparte con otros, la labor diaria, la intimidad, la sanación, las obras de arte; cuando la percepción los lleva muy cerca de la esencia, en un estado de equilibrio físico y mental, que quita poder al desorden, a la mentira y a la muerte, causa inevitable de felicidad y de entrega total.

Chasqueen los dedos, de ustedes depende que las cosas sucedan y en la cercanía al Amor no excluirán a nadie, dejarán de matar para comer, de guerrear por la tierra, de infringir dolor, temor, hambre y de chantajear con la productividad; así la ilusión y la justicia humana pierden el control y todos libres recuperarán la felicidad, la mujer volverá a ser madre y entre todos recrearán el destino de la humanidad haciéndose parte integral del planeta y del universo.

*Nada podrá alejarlos del Amor,
sino ustedes mismos.*

115. ASÍ HASTA EL FIN

Acérquense al Amor, que es como se logra el milagro de un mundo de inclusión, donde todos estando donde estén, estén donde quieren, liberando emociones que impregnan Amor, confianza y felicidad.

Sin embargo, la Ley que es Amor enseña que hay una excepción: no hay sitio para la corrupción, hay que excluirla por no ser una opción de vida sino de muerte.

Como los recolectores de fruta cuando seleccionan la fruta sana en canastos nuevos y la corrupta en canastos viejos para quemar.

Así, hasta el fin de los tiempos salen los ángeles en las avalanchas, huracanes, erupciones, terremotos y arrebatan a los sanos al universo infinito; a los corruptos nadie los reclama porque ya no existen.

Los sobrevivientes regresan a dar testimonio del triunfo del Amor.

El que no aprende con Amor le queda aprender con dolor; y el que no aprende con Amor ni con dolor es porque es un alejado del Amor sin memoria afectiva, esclavo de la ilusión.

CAPÍTULO 9
VIDA ETERNA

Dichosas las personas que buscan conocer la vida donde no existe la muerte.

Los cercanos al Amor son fáciles de engañar porque para ellos lo terrenal ni los enriquece ni los empobrece.

Solo si deciden ponerse del lado del Amor, sobrevivirán por la eternidad.

Por lo general, la gente siempre anda buscando un líder que la lleve a otro nivel.

El triunfo del Amor es la Vida, pero solo trae felicidad en libertad.

INHALAR VIDA PROFUNDO
EXHALAR, AMO LA VIDA

116. EN LA ETERNIDAD

El universo ofrece infinitas formas de vida en diferentes frecuencias que se desplazan a la velocidad del pensamiento y se materializan según la frecuencia del cuerpo celeste que visiten.

Aunque ahora los científicos de este planeta digan que no existen, pero el universo está lleno de vida generadora de Amor; es como una feria de estallidos pirotécnicos con variedad de experiencias donde se involucran los fenómenos celestes y las infinitas expresiones de vida.

Los científicos tienen el conocimiento, no la sabiduría ni la verdad; todavía no la ven porque la verdad es Amor y el Amor es intangible.

La presión premeditada, persistente y pesimista que el mundo se va a acabar, que el universo está en expansión o contracción, que va a explotar… nada de eso tiene sentido en la eternidad, porque cualquier cambio dramático a los ojos de la ciencia humana solo responde a sus temores e ignorancia; cualquier cambio es una expresión de vida en la variedad infinita de acontecimientos que ocurren en el universo, donde ningún ser en armonía se afecta; que lo acepten o no, no cambia la realidad.

117. SER ETERNO

Entender la eternidad es verse en el cuerpo de su Amor Superior desplazándose a donde quieran, a la velocidad del pensamiento, percibiendo la inquietud que los motiva a escoger cada sitio a donde van, bajo los eternos parámetros de disfrute y generación de Amor.

Al aprender a desmaterializarse se hacen eternos en compañía de su Amor Superior cuando se materialicen siempre en un cuerpo nuevo y no tendrán que volver a nacer ni a dejar el cuerpo, a menos que quieran y cada experiencia cercana al Amor es la que fortalecer el gusto de seguir viviendo y generando Amor por la eternidad.

Y llegarán a ser eternos, no por la naturaleza ni los deseos humanos, sino por la cercanía al Amor.

118. VOLVER A NACER

Se acerca un sabio de la ley antigua
que quiere saber de la Vida Eterna.

Él, a sabiendas de lo que quiere, le dice:
—Quien no nace de nuevo no conocerá la Vida Eterna.
—¿¡Pero cómo puede uno ya viejo nacer de nuevo!?
—Te digo que quien nace de padres humanos es humano
y pasajero y quien nace del
Amor es del cielo y es eterno.
– No entiendo.
—Si tú, que eres el maestro, no entiendes cuando te hablo de las
cosas de este mundo, ¿cómo vas a creerme si te hablo
de las cosas del cielo?
Quien es de la tierra es terrenal, habla y hace las cosas
que son de la tierra.
Quien es del cielo disfruta y ama, que son las cosas
que son del cielo.

Te extrañaría si te digo:

– El camino está escrito y es disfrutar la vida,
el objetivo también y es generar Amor.
El triunfo del Amor es la Vida.

Pero cuando el viento sopla y aunque pasa por aquí de un lado para
otro, no sabes de dónde viene ni para dónde va;
así son los que nacen del Amor.

119. DIOS DE VIVOS

—Y cuando una mujer enviuda varias veces y después ella muere, en la resurrección de los muertos, ¿cuál de los maridos la tendrá por esposa en la eternidad?

—Ninguno, no saben lo que dicen por vivir lejos del Amor.

El Amor único de cada uno no se une, porque el camino a la Vida Eterna es individual; unos lo encuentran ahora y otros, después.

Y en cuanto a que los muertos resucitan también están equivocados, porque *Amor es Dios,* ¡pero Amor es Dios de vivos, no de muertos!

¡La gente admirada y ruidosa celebra!

120. EL JOVEN RICO

Un joven rico le pregunta que él qué ha de hacer
de bueno para tener esa vida.

−¿Me preguntas por lo bueno? Lo bueno y lo malo no existe;
solo existe uno y es perfecto; pero si quieres esa vida, cumple con
disfrutarla.
−¡Eso hago!
−Vive del aire
−¡Ayunar, eso también hago!
−¡¡¡Ah!!! si lo que quieres es ser perfecto despréndete de... y sin
dejarlo terminar, da la espalda y se va pensando en lo difícil que será
para él dejar todo, y se aleja sin entender
el significado del desprendimiento.

−Si no quiere recibir lo que tenemos para dar, déjenlo, pues alejarse
es lo que en verdad quiere y eso también es perfecto; pero será más
fácil que un camello pase por el ojo de una aguja (ventana estrecha
y alargada en donde se ubica la guardia) que un necio cargado de
apegos, negocios e ilusiones encuentre
el camino para acercarse al Amor.

Bajo la ilusión del bien y del mal se vive la sensación de alejarse del
riesgo, de la tristeza, la incomodidad y la pérdida. Pero el riesgo y
demás sensaciones inquietantes no son más que la necesidad de vivir lo
que pidieron desde antes de nacer; y si no es ahora lo vivirán
en algún momento en la eternidad.

121. JUECES Y VERDUGOS

En la evolución solo hay espacio para los cercanos al Amor.

Muchos dirán: —Señor, en tu nombre hicimos milagros; merecemos la Vida Eterna.

Yo les diré: —Nunca lo que hicieron lo hicieron por Amor. ¡Apartaos, corruptos!, ¡embusteros!, ¡ilusos!, ¡vosotros no existís!

—Pero, ¿cómo? Si hemos comido y bebido contigo y tú enseñaste en nuestras calles.

A ellos les repetiré: —¡Pueden tener muchas razones, pero muy lejos del Amor, por eso ni los reconozco ni los condeno! el Amor tampoco los condena y permite que lo sepan.
Las víctimas, jueces y verdugos son ustedes con ustedes mismos cuando depositan su confianza y su fe en el bien y en el mal, en la mentira y la esclavitud.

Todos los que son, llegarán para sentarse a la mesa del Padre.

Los demás intentan llegar ofreciendo sobornos y chantajeando con dádivas, pero no entran porque en el cielo conocen sus corazones.

122. ZABULÓN Y LÁZARO

Un rico viste ropas espléndidas y todos los días
ofrece brillantes reuniones.
Lázaro, un mendigo lleno de llagas, vive camuflado y come de las sobras de la mesa de los criados, las que comparte con los perros que se acercan a lamer sus heridas.

Un día el mendigo llega al cielo y el rico, moribundo, en tránsito al lugar donde van los que no regresan, levanta los ojos y ve al mendigo junto al Padre; entonces grita:
–¡Padre, envía a Lázaro por mí
porque estoy en una oscuridad horrible!

–Hijo, aquí en el cielo nadie es criado de nadie.
–¡Entonces explícame, ¿por qué estoy aquí
y aquel que no hizo nada lo veo en la luz?!

–A ti te sobraron dones y fortuna, pero te alejaste del Amor al utilizarlas con el bien y el mal para ufanarte; todo lo que hiciste y diste fue una farsa; mientras que Lázaro nunca se alejó del Amor, disfrutó la vida con lo que tenía y sin más fortuna que la paciencia y la resignación fue grato, su Amor logró ser más sólido que el acero.
Ahora él recibe más de lo que tiene y se le dará aun más.
Y aunque él quisiera ir por ti, es imposible porque hay un gran abismo abierto entre nosotros y la nulidad,
pues en la nulidad donde estás no hay nada.

–¿Y qué hay de mis hermanos?
–Ellos ya tienen sus enseñanzas.

–Sí, pero no creen, sé que se convertirán si se les aparece alguien conocido en forma de ángel y les habla.

—Para el que no quiere creer todos los ángeles no son suficientes; se alejan aún más sin remedio.

Y este rico, alejado del Amor, este ser único en el universo, con todas sus emociones, deja de sufrir porque deja de existir, se destruye y muere desvanecido por completo en la nulidad.

Todo lo construido con ilusiones se desvanece.

Solo hay prosperidad en la cercanía al Amor, cualquier otra prosperidad es pasajera.

123. CELEBRACIÓN

Acampan en un cerro; días después, los reúne y señala a algunos de sus discípulos para que guíen a los demás en la difusión del mensaje y lleguen a todos los confines de la Tierra.

Se percibe un ambiente de celebración; se oye el murmullo de los tambores y la suave melodía de las flautas, comienzan a cantar, suben el volumen y se arma la parranda, todos cantan, danzan, unos brincan y gritan; en esto le llevan a un sordo y en seguida le devuelve la compostura y este sin más se une a la bulla.

Los parientes del muchacho acuden a llevárselo, pues los sacerdotes que lo espían dicen que el joven ha sido poseído por los demonios, y que ese Mesías es el jefe de todos los demonios y que se ha dado poder a sí mismo para expulsarlos y engañarlos a todos ustedes.

Eufórico como está, responde:

−Están equivocados, ustedes han inventado esos seres oscuros para atemorizar a los demás; porque si la enfermedad expulsa a la enfermedad, actúa contra sí misma,
entonces habrá llegado su merecido fin.

Y si yo los engaño, ¿cuál de ustedes tiene poder para expulsarla?

Esto demuestra que no saben ni les interesa saber la verdad.

Y en voz alta por el bullicio añade:

El Amor que no se genere se desperdicia y el que conmigo no celebra, desparrama.

Suenan los tambores, aumenta la algarabía
y se fortalece la camaradería.

Más tarde les dice a todos:

—*El Amor perdona todas sus mentiras y engaños, incluso a quien diga algo en contra del Hijo Amado o del mismo Amor Primogénito, porque solo libres de culpa pueden ser generadores de Amor.*

Pero quien se aleje tanto del Amor que quede en una posición de no retorno, no tiene rescate en este mundo ni en el venidero.

Nada ganan, lo pierden todo y es por siempre.

124. LA LIMOSNA

Cuando den o reciban no se ufanen como hacen los hipócritas para
que los elogien.
Nadie está obligado a dar ni a recibir,
entonces háganlo por convicción.

Si dan al que pide, no lo hagan por lástima ni culpa, pues los hacen
dudar de su fe; háganlo con el sincero deseo de compartir el Amor
que hay en ustedes con el que hay en ellos porque

él soy yo

en algún momento en la Eternidad.

Darle al que pide por profesión también será su decisión, pues
es un trabajo, pero es del único del que reciben como trueque
bendiciones: "Dios le pague", "Dios lo bendiga", "que se le
multiplique"; por eso recuerden:

no ofrezcan sacrificios, la vida es para disfrutar.

–En el templo, enfrente al arca de las ofrendas, ven cómo la gente
echa dinero de lo que les sobra; en eso llega una viuda que ofrenda
dos pepitas de oro. Entonces dice a sus discípulos:

–Esta viuda no quiere ocuparse en cuidar algo porque aprendió que
todo llega en su momento y lo demás por añadidura,
si muere entiende que es lo que tiene que suceder,
ella es mi discípula más querida.

125. PEREZA E ILUSIÓN

Un jerarca odioso, ocioso, temeroso, curioso y perezoso
envía a sus criados a preguntar si él es quien ha de venir
o si debe esperar a otro.

Así después de dos días de sanar a los que se acercan,
le dice a los criados:

—Vayan y cuenten a su jefe lo que ven que hace el Amor sobre
la debilidad, la envidia, el temor, la ignorancia, la vanidad, la
mentira y la pereza; digan a su jefe que le ponga sentido común
a la vida, que no dependa de un Mesías para ser mejor persona,
que no permita que otros decidan por él, que no espere más, que
si tiene algo mejor que hacer que comer, contar dinero, ebrio,
holgazaneando, fornicando y burlándose de la gente, que venga y
nos lo cuente, que esa diferencia es lo que es el Mesías.

Que por qué no vino él, que lo que tenga
que hacer que lo acerque al Amor
solo él lo puede hacer.

A quien le de pereza escuchar su sentido común y entender la Letra
Viva no sobrevivirá a la aburrición ni a la monotonía.

CAPÍTULO 10
PERDÓN
SANACIÓN
CONCILIACIÓN

Si se atormentan con los recuerdos, aprendan a decir:
Amor Superior, toma esta experiencia
y sana mi memoria afectiva;
sentirán que su Amor Superior existe.

Cuando el verbo te amo emerge,
la razón se aquieta.

Decreten que su vida es perfecta,
que no les hace falta nada ni les sobra,
que están donde quieren satisfechos y felices.

Me perdono por rechazar lo que pedí que me da felicidad.
Y por desear lo que no pedí que me da desasosiego,
tristeza y me aleja del Amor.

TOMAR ALIENTO DE VIDA
EXHALAR GRATITUD

126. DECISIONES

No se condicionen: es que yo... es que tú...
¿y por qué no?... pero esto... pero lo otro...
si no se deciden se condenan a pasar el tiempo disculpándose.

Aléjense de lo que no genere Amor; si se sienten solos consigan
una mascota que los acompañe y despierte sus emociones, que los
distraiga con situaciones reales y de ellas aprendan
los principios básicos de la vida,
dar, dar y dar sin desmotivarse y
recibir, recibir y recibir sin descanso,
hasta fortalecer su memoria afectiva, porque si no se sienten
satisfechos con ustedes mismos no admitirán lo felices que son.

Pueden ser exitosos, pero si no aman lo que hacen, ni a las personas con quienes comparten, vivirán con ese vacío y nadie por más especialistas o terapeutas que visiten, lo podrá llenar por ustedes.

Salgan, busquen en dónde sentarse, con quién hablar y confesar lo que realmente quieren y sin importar lo que parezcan; que las justificaciones y explicaciones solo sean confesiones para quienes aman.

Que sus decisiones se basen en términos de:
¿disfruto? ¿soy feliz? ¿veo Amor?
La adrenalina cuando hacen algo no es felicidad, es ego.

127. CORAZONES ROTOS

¿Qué causa que las personas se descuiden y pierdan el gusto de luchar por su felicidad y se alejen del Amor?

Puede suceder que por maltrato físico o psicológico rompieron su corazón y su memoria afectiva queda vacía; un corazón roto no puede responder Amor, por lo que se equivocan en las relaciones, porque no buscan acercarse al Amor sino llenar el vacío y suavizar el dolor.

Volver a nacer es volver a generar Amor, es lo único que compone un corazón roto. Para nacer de nuevo decreten lo que revele Amor a lo que les gusta; el Amor Superior ayudará sanando su memoria afectiva y su corazón responderá otra vez: *te amo*.

Algo que aleja del Amor es creer que son ricos y exitosos, que tienen todo controlado, cayendo en una vida mediocre y sin sentido. El problema con la mediocridad es que se hereda. Para bajar de la nube pasen algunos días consintiendo mascotas, puede ser un caballo con zanahorias a un gato con leche.

El sombrío que sienten cuando se exigen disciplina, será el medio para evolucionar y en la saturación de experiencias todo se ilumina, alcanzando un estado superior de conciencia donde no existe el dolor, la culpa ni el sufrimiento; solo una continua explosión interior de felicidad.

Después de celebrar un éxito queda una sensación de cosquilleo inquietante, son los átomos festejando, por lo que muchos nunca paran, rompiendo corazones incluido el de ellos. Al aceptar que esa sensación inquietante es la dicha del triunfo sobre la inercia, al rato queda satisfecha y desaparece, y podrán celebrar muchos éxitos.

128. ¿POR QUÉ NO CREEN?

De paso a la ciudad, paran en casa materna y al verlo sus hermanos lo invitan a que vaya con ellos a festejar.

–Adelántense, porque los jerarcas me acechan buscando motivos para matarme, por la mediocridad de sus acciones y aunque aún no llega mi hora, es mejor para ustedes.

En el templo se preguntan si irá a venir; unos dicen que no venga porque nos engaña, otros, que es un farsante.
En la mitad de los oficios entra y proclama:

– Mi enseñanza no es mía, es del Cielo.
Yo conozco el Amor porque vengo de Él y Él vive en mí… y volveré al cielo… porque soy de arriba, como todos los cercanos al Amor.
El que esté dispuesto a acercarse al Amor comprobará si lo que digo es verdad o si hablo por mi propia cuenta.

El que habla por su propia cuenta busca que lo honren y lo adulen; pero el que busca acercarlos al Amor, en él no hay nada reprochable, porque la honra es para el Amor.
Muchos son testigos de la Luz que bajó del Cielo y han vivido el Poder de sanación.
¿Hay alguien que me pueda condenar por algo que haya dicho o hecho?
¿Entonces, por qué no creen?

Alguien grita: –¿Acaso cuando venga el Mesías hará más señales que las que hace este hombre?
–¡¿Pero cómo puede ser él!?
–¿¡Qué esperan que sea el Mesías: un mago, el genio de la lámpara, un militar despiadado, un ídolo corrupto, un extremista vanidoso, un rico ambicioso?! ¿Esperan algo de eso?
–¡No!

—Entonces, ¿por qué no puede ser él un hombre de la Tierra y del Cielo que no usa su poder en contra de nadie y solo promete Vida Eterna? Al menos creamos en su voluntad y recreémonos en sus palabras.

Acepten por un instante que se pueden soltar de las ataduras que no les permiten recibir lo que el Amor tiene para dar de su mano.

Acepten por otro instante que son perfectos.

El Amor llena su mochila con una medida justa, apretada, sacudida y repleta; y así como la midan, así serán medidos.

Cada quien es lo que crea de sí mismo.

129. EL JURADO

*Si juzgan serán juzgados
y el jurado más severo con ustedes
son ustedes mismos.*

El Amor no juzga ni condena, él perdona todo para que libres de culpa, puedan disfrutar la vida y generar Amor.

Quien tenga algo en contra de alguien, que concilie y si recuperan o pierden a su hermano o amigo por abrir el corazón, celebre y quede en paz.

Pero si al abrir el corazón descubre que tienen algo en contra de si mismos, perdónense ante todo, porque si el Amor no condena, ¿por qué ustedes habrían de condenarse?

Solo son culpables por lo que cada uno se condene.

Si se creen culpables, no pueden disfrutar la vida ni generar Amor, pero si disfrutan lo generan es porque no son culpables, están confundidos.

130. AMOR ES UNO SOLO

Un sacerdote pregunta, Maestro:

–¿Yo estoy donde quiero, soy único y perfecto?
–Si hablas y te comportas cerca al Amor.

–¿Amor es uno y no hay nada fuera de Él?
–Si tienes sentido.

–¿Y acercarse al Amor vale más que todos los sacrificios?
–Si hablas con sabiduría.

–Y cuando digo, "que se haga la voluntad de Dios" lo que estoy diciendo es que me suelto a lo que pedí desde antes de nacer, que es lo mismo que hacer lo que quiero y decir, que se haga como pedí.
–Si hablas con libertad.

–¿Y el Amor es Ley?
–Sí, no lo dudes.

–¿Y la cercanía al Amor es el camino para hacer lo que quiera en la eternidad?
–¡Hablas como un profeta!

–Maestro, sí creo.

Y todos celebran y se alegran que hubiese alguien con quien pudiera celebrar y compartir.

131. NO ESTÁN OBLIGADOS

Hay experiencias dolorosas que, aunque son naturales, rompen el corazón; otras pueden ser *penosas o ridículas* y el fin muchas veces es que emerja Amor en otros y si así lo entienden, tendrán motivos para celebrar.

Sin embargo, hay casos que tocan las emociones que sin saber qué hacer para que el Amor surja, interrumpe la felicidad; como es escuchar que todavía hay nativos que practican costumbres que imprimen dolor, sufrimiento y traumas de por vida a su gente joven, con el argumento que esas son sus costumbres; pero a los ojos del sentido común son una aberración; no importa la causa del sufrimiento, cualquier expresión de dolor impuesto es la respuesta de la lejanía al Amor.
La violencia de mayores contra niños, jóvenes y mujeres es la peor transgresión de la confianza sobre la inocencia.
Son comunidades completas alejadas del Amor.

La forma de ayudar es ejerciendo el poder, decretar y pedir al Cielo, –donde conocen los corazones–, que el Poder Amor triunfe sobre los alejados del Amor sin retorno estén en donde estén. Ayuda sacudir a los neutros para que decidan de que lado quieren estar.

132. MILAGROS

Los reúne a todos y les dice:

—Solo en los cercanos al Amor se hacen milagros y todo milagro es para demostrar el Poder del Verbo Amor.

Los discípulos se acercan y le preguntan que cómo hace para revivir a las personas y él les responde:

—Lo importante es saber lo que la persona quiere, y si el Amor de ustedes se conecta con el Amor de la persona; y si es suficiente para llenar el vacío que la llevó a dejar el cuerpo, es lo que ella necesita para volver a él; si no tienen suficiente Amor no podrán hacer nada, solo desilusionarse.

—¿Pero tú cómo sabes lo que la persona quiere?

—El Amor Superior de la persona transmite su Amor por la vida y si hay alguien que escuche, y tenga suficiente Amor para dar seguro que la ayudará.

133. DICHAS Y ALEGRÍAS

Seguido por mucha gente, suben a un monte,
se sienta con vista al lago y les habla así:

–¡Felices las personas amigas de la verdad...!

–¡Felices, las que no matan para vivir...!

–¡Felices, las que valoran la libertad y hacen lo que quieren...!

–¡Felices las parejas que creen en la vida...!

–¡Dichosas las personas limpias de corazón...!

–¡Dichosos quien con su fe mueve montañas...!

–¡Dichosos los no saben que es alejarse del Amor...!

–¡Dichosos los que ahora lloran por Amor,
porque después reirán...!

–¡Dichosos los que reconocen el camino a la Vida Eterna...!

Una mujer grita: –¡Dichosa la mujer que te dio a luz...!

–¡Dichosa la gente que renace del Amor...!

–¡Anímense los que respiran vida,
porque nunca volverán a sentir hambre ni sed...!

–¡Anímense las parejas que viven por
Amor, porque nadie les podrá quitar su recompensa!

–¡Anímense cuando sean esclavizados,
porque por ahí se romperán las cadenas!

–¡Anímense cuando reconozcan su poder,
porque ese día temblará la tierra!

–¡Anímense los artistas en su soledad,
porque cuando se inspiren en el Amor explotarán!

–Bienaventurados cuando por vivir cerca al Amor
sean causa de envidia y de toda clase de mentiras.

–Bienaventurados cuando por disfrutar la vida y generar Amor,
sean víctimas de la crueldad y la injusticia.

–Bienaventurados los que conocen el Poder del Verbo
para combatir a los alejados del Amor sin retorno.

–Bienaventurados por evadir la ley humana
y cumplir con la Ley Divina.

–Bienaventurados cuando construyen estructuras de Amor
por donde no puede pasar la oscuridad.

*Alégrense en aquellos días; llénense de felicidad, dicha,
ánimo y bienaventuranza, porque así como dan la vida por Amor,
¡por Amor la volverán a recibir!*

134. CUANDO LA FELICIDAD NO LLEGA

De lo que piden antes de nacer el Amor solo aprueba lo que les dé felicidad y genere Amor; y libertad para lograrlo.

Pero si la felicidad no llega, pregúntense qué la aleja de ustedes…

Ayuda cuestionarse con estas frases:

Todos vienen a dar Amor.

Todos están donde quieren.

Nada de lo que pasa en el mundo es su culpa.

No están obligados con algo ni con alguien.

Muchas cosas suceden porque alguna vez las pidieron y no lo recuerdan.

No dejen en manos de otros su libertad.

No se alejen del Amor.

Lo que viven y sucede en sus vidas es lo que pidieron.

Lo que sucede y causa dolor es lo que no pidieron, pero lo permiten.

Si lo permiten no es porque sean culpables de algo o deban algo, sino por entregar su libertad a otra persona alejándose del Amor.

Cuando se alejan, no entienden lo que sucede y lo asocian a un final oscuro y pierden la fe.

Pregúntense de vez en cuando que tan lejos o cerca están del Amor.

135. TESOROS

El Amor es abundancia en todo sentido.
El Amor acumulado en el cielo
es el tesoro que los de la tierra anhelan.
Pero no lo desperdicien en compañía de los alejados del Amor;
se exponen a perderlo.

Ni los compartan con los perros; se exponen
a que los insulten y los muerdan.

Ni con los cerdos; se exponen a que se revuelquen,
los pisoteen y los escupan.

No lo muestren a los zorros ni a las zorras; se exponen a que agoten
su paciencia y y los pongan en contra de ustedes mismos.

El que da sin preguntar no tendrá qué disfrutar.
Sus tesoros serán la medida de sus metas en el cielo y en la tierra.

No sufran por lo que no tienen, porque si no lo tienen,
es porque no lo pidieron.

El que busca riqueza no sabe lo que quiere y el que sabe lo que
quiere conocerá la riqueza.

Para el que con sabiduría no avanza, en el desierto la alcanza.

Oír consejo no te hace viejo.

136. CERCANO AL AMOR

Si se dice "en el Amor" en lugar de "cercano al Amor", es como decir que están tan cerca del Amor Primogénito que se fundirían en él; cuando el ser humano apenas se acerca al 8% de la conciencia del Poder Amor, la pésima educación en el planeta los mantiene más lejos que cerca del Amor.

Esto sucede porque al no saber lo que quieren dan poder a fuerzas externas como a dioses, deidades, ídolos y líderes, creyendo que ellos se pondrán de su lado y harán las cosas por ustedes.

No es ninguna fuerza externa la que hace las cosas, esas son fuerzas muertas, son ustedes los que hacen que las cosas sucedan.

Dentro de ustedes reposa la sabiduría que le da sentido a sus vidas y en cómo realizarlo, para hacer de las emociones una experiencia de vida, no de muerte.

El Poder del Verbo germina cuando el ser inmerso en la oscuridad ve la luz, adquiere conciencia de lo que quiere y actúa.

137. EL OJO AJENO

Hay quienes invadidos de vanidad y arrogancia creen suavizar el dolor y limpiar el mugre del ojo ajeno.

Pero si no oyen sus lamentos ni ven el tronco de mugre que tienen en su propio ojo, ¿cómo podrán sanar y sacar la mugre del ojo ajeno?

¿Acaso un ciego de Amor puede ser guía de otro necio? ¿Acaso no caerán los dos en el mismo abismo de oscuridad y muerte?

Si fueran ciegos no tendrían culpa, pero como dicen que ven son culpables por alejarse del Amor.

CAPÍTULO 11
VIVIR O MORIR

*Todos los seres son conscientes de que lado están,
si cerca o lejos del Amor.*

*Hay quienes se toman las cosas por la fuerza,
pero convertirse en victimarios los hace perdedores.*

*No se trata de encontrar un punto
de equilibrio, porque*

El Amor es todo.

*El temor a morir es infundado,
porque los cercanos al Amor nunca mueren.*

*El Amor acumulado son recuerdos que de vez en cuando regresan,
para motivarlos a seguir viviendo y a celebrar.*

*El Amor es infinito y es más poderoso
que el desasosiego más profundo.*

INHALAR VIDA TRES VECES
EXHALAR AMOR LARGO Y PROFUNDO

Los principios y las lecciones aprendidas no las ignoren ahora cuando los acecha el ego monstruoso creado por el hombre.

138. VIVIR O MORIR

Cuando la percepción es juzgada con la culpa y el pecado, las personas no se sienten cómodas de dar un sentido más profundo a sus vidas, y la superstición les da el alivio que buscan.

Al caer en la superstición del bien y del mal, la peor de todas las supersticiones desarrollan cuerpos con cerebros alienados por la pereza y se conforman con tener y tener con el mínimo esfuerzo; y esclavos de las cosas crean nuevas enfermedades, con el agravante que los guías espirituales no los ayudan a despertar el Poder del Verbo Amor, por celo a perderlos como feligreses.

Si los ayudaran a liberarse y a reconocer el poder interior, los uniría la gratitud y el deseo de seguir aprendiendo de ellos, por sentido común; es obvio que si educan cuervos, los cuervos les sacarán los ojos.

Todo guía debe fortalecer su relación con el universo en los principios que lo unan a la aventura material y espiritual de quienes los siguen y no viendo en la represión, el dolor y la carencia su única fórmula de unión.

No es cuestión de tradiciones ni quién es mejor ni el más fuerte; es cuestión de vida o muerte en la tierra por la eternidad.

139. EL PROFETA

Desde que salen del paraíso, al reino de los cielos se le hace la
guerra; ahora los violentos conocen la verdad y tienen que decidir...
pero ya decidieron cuando cortan la cabeza de Juan.

Cuando recibe la noticia, va a un lugar apartado; la gente lo alcanza
y se agolpa para escucharlo:

¿Cuándo van al desierto qué creyeron oír?
¿Una caña sacudida por el viento?
¿A quién creyeron ver?
¿¡A un hombre lujosamente vestido!?
Los que visten con lujo y viven entre placeres
están en los palacios y en las casas opulentas.
¡Acaso no se dieron cuenta, que él es el Profeta de la Nueva Ley!

El ser refleja un aura brillante y entre más Amor, más luminosa;
pero si lo demuestran matando, no sirve de nada,
tienen que volver a empezar.

140. EN LA OSCURIDAD

*Los ojos son la luz del cuerpo y si tus ojos transmiten Amor, todo tu cuerpo será luminoso;
pero si tus ojos transmiten sufrimiento y temor,
todo tu cuerpo será oscuridad; y si la luz que hay en ti resulta ser oscura,
¡qué negra será la propia oscuridad!*

Si pierden la batalla y se dejan atrapar por la angustia, el temor y la duda, enfréntense a una ducha de agua helada, respiren profundo y celebren estar vivos, diciendo:

¡¡¡Que se haga tal como lo pedí!!!
"yo no hago nada por mi propia cuenta que no sea generar Amor."

Resignarse al dolor, a la culpa, a las limitaciones de la voluntad es válido, pero
El Amor es una fuerza que no permite conformarse, siempre los motiva a ser felices.

141. VIVIR EN LA TIERRA

El Amor Primogénito da la vida, nunca la quita; por eso cada quien debe cuidarla para no perderla. Y es segundo a segundo como cimientan el camino; si fallan alejándose del Amor, tendrán que volver a empezar.

Para vivir en este planeta dominado por el bien y el mal es imperativo aprender a defender la vida, la verdad y la libertad y no permitir que los alejados del Amor se acerquen, causa de guerras y conflictos donde el cercano al Amor la tiene ganada, aunque ellos no caen fácil, su Amor los defiende, con la esperanza que reaccionen; cuando se alejan más el el ego toma el control y los mantiene vivos como zombis. Hasta que no se destruyan el Amor Superior no podrá seguir su camino, solo le queda observar el daño que hacen.

La tierra ofrece vida exuberante con todos los espacios imaginables para dar vía libre a su vocación.

Vivir en la tierra es la oportunidad de inhalar vida y exhalar Amor, es disfrutar el cuerpo y sus emociones, es sentir cómo la vida se entrelaza con la de los demás; y suspendidos compartiendo en libertad se desenlazan para seguir su camino en armonía sin que nada los afecte; así con todos los seres que de alguna manera se acercan a tomar algo de lo que cada uno es.

142. VOLVER A EMPEZAR

El jefe de los cobradores de impuestos encuentra que uno de ellos debe dinero, y como no paga, lo manda encarcelar; pero este le ruega que tenga paciencia, que él le pagará; este lo escucha, cree y además paga su deuda.

Al salir, se encuentra con un moroso de una pequeña cantidad, lo agarra por el cuello y lo zarandea diciendo que le pague, y este le dice que tenga paciencia porque él le pagará todo, pero este no cree y lo manda golpear.

Este disgusto llega a oídos del jefe quien viendo su insensatez ordena recluirlo seis meses en un monasterio, que desempeñando con disciplina las labores del campo le darán paz y tiempo para reflexionar. Pero al poco tiempo de su salida reincide con su cobro agresivo.

El jefe lo manda llamar y le dice:
–¡Ingrato! Ni entiendes ni aprendes, entonces le da a escoger: vivir como esclavo pagando la deuda junto a su familia o morir.
–¿Pero por qué mi esposa y mis hijos?

–¡Porque ellos están viciados con tu ejemplo, pero si escoges la muerte, ellos recibirán un escarmiento y otra oportunidad!

Fue muy duro para aquella familia que para entender tuvieran que salir del paraíso y volver a comenzar como esclavos.

143. EL ENEMIGO

El temor, es el enemigo, es con lo que los chantajean para convertirlos en esclavos.
El temor de no tener, no estar donde quieren o morir, no es real.
Porque nunca tendrán algo que no sea suyo. Todo el mundo siempre esta donde quiere.
Y nunca morirán si no quieren.

Al Amor, la verdad y la libertad, siempre los acecha el temor, que como un vicio los distrae con el bien y el mal, pero deben ser fuertes porque en la cercanía al Amor todo es perfecto.
Los alejados se acercan a los demás por lo único que ellos no pueden tener, que es Amor,
pero no es para ellos sino para destruirlo.

Aléjense de los grupos y de las personas vacías de Amor; ellos, esclavos de la ilusión, pueden llegar a tener sus cuerpos, pero no el Amor que buscan, porque no lo conocen.

Los pueden identificar porque nunca están satisfechos con nada, siempre están protestando; los oirán lamentarse, criticar, renegar, destruir, maldecir, demandar y conspirar; buscando castigo, y todo lo que se les de se desperdicia porque solo saben que quieren todo, pero ni con todo se satisfacen, porque no saben lo que quieren.

Decreten y pidan al cielo, que conoce los corazones, que el Amor destruya su temor, así los demás pueden reconstruir sus vidas.

144. SUICIDAS

—¿Y los suicidas dónde están?

El Amor lo perdona todo.

—¿Cuántos de ustedes no han hecho un pare en el camino cuando no ven una salida cercana al Amor en lo que hacen?

Hay personas que descubren que viven una ilusión, que les vacía la memoria afectiva; entonces hacen concilio de su Amor único con su Amor Superior y antes de hacerse más daño, prefieren reconocer que fallaron y apagan para volver a empezar, seguramente en otro planeta no tan contaminado.

Aunque ningún padre debe enterrar a sus hijos, tampoco debe sentirse culpable, porque todos están donde quieren y en la cercanía al Amor la muerte no existe; todos son eternos.

Y el Amor Primogénito dador de vida, que conoce sus corazones, no les negará su Amor y les mostrará la puerta abierta a la Eternidad, para que en libertad logren lo que quieren.

145. INHALAR VIDA, EXHALAR AMOR

Con que inhalen vida y exhalen Amor ya tienen todo, pueden acomodar sus vidas y aquietar sus mentes. así no tendrán nada más por qué preocuparse sino por ser felices.

Respirar es lo único real, lo demás llega por añadidura; asfixiados darían todo por seguir respirando. ¿Acaso no es respirar lo que les da la tranquilidad de ver, oír, comunicarse, oler y sentir? ¿No es en la tranquilidad de un bostezo que oxigenan el cuerpo y quedan completamente satisfechos con la vida?

Cuando respiran a conciencia inhalan vida y no necesitan nada más que exhalan Amor.
Inhalar y exhalar de forma consciente es la llave que abre la puerta a otras dimensiones que pueden darles otras alegrías.

Esto de acercarse al Amor, inhalar vida, exhalar Amor, disfrutar la vida, generar Amor, sentirse libre, no se ve ni se toca, pero es lo único real; y aunque no lo crean, es el único camino para respirar Amor por la eternidad.

146. AMOR vs TECNOLOGÍA

Todo lo que existe viene de la mente del Amor Primogénito, de la autenticidad de cada persona depende darle forma en su proceso de materialización y de su cercanía al Amor depende su existencia en el tiempo.

El Verbo Amor es la vibración más alta de la Palabra; su poder estimula la conciencia y hasta las montañas se moverán conmovidas con su intención y entre más libres, más espacio para explorar sus causas y sus efectos, y nada les será imposible.

Este proceso no es racional, la ciencia y la tecnología pueden evaluar los efectos; pero encontrar la fuente, difícil.

La tecnología como está planteada compite con el Amor; el chantaje está en quién no se siente feliz de sanar en manos de un profesional, aunque estropee su poder de autosanación.
O quién no se siente feliz de subir a un auto
y llegar a un sitio a toda velocidad,
aunque deje de practicar su capacidad de desmaterializarse.
Quién no se ha sentido feliz de prender un radio, un televisor o ir al cine, aunque interfiera cualquier contacto con su Amor Superior.
O quién no se ha sentido feliz de hablar por teléfono o celular,
aunque deje de practicar la telepatía,
o deje de compartir con su pareja.
Quién no se siente feliz anclado a un salario,
aunque el mundo lo esté esperando.

Esta diferencia nadie la enseña y hasta cuando todo esto pase de moda para los que juegan con el conocimiento
y se sientan abrumados, sin memoria afectiva,
sin poder decretar ni hacer algo por sí mismos,
la tecnología seguirá reemplazando la esencia con la razón.

Entonces el Hijo Amado dice:

– *"Ustedes son la sal de este mundo.*
Pero si la sal deja de ser salada,
¿cómo seguirá salando?"

Y volveré para celebrar el triunfo del Amor.

Lo que ahora se da es una confrontación entre la inteligencia artificial conectada a la ilusión de unos egos versus el Poder Amor inexplorado.

Y solo permitiendo que el Amor sea la inspiración de la ideología y la tecnología, los alejados del Amor y los neutros sobrevivirán.

Quien canalice el Poder del Verbo Amor se convierten en guía del destino de la humanidad: la nave, el planeta; el camino, disfrutar la vida; el objetivo, generar Amor; el destino, ser feliz creadores de vida.

Ustedes son tan importantes para el Cielo que allí no quieren que se pierda ni un solo pelo de sus cabezas.

Esto nos cuenta en sus relatos R. Tovar G. que en Tolima, Colombia, los Izazi con sus cantos, alejaron al planeta de la destrucción, ellos cantan para que la amenaza destructora que viaja por el espacio no vuelva.
Otras culturas con este poder han permitido destruir sus planetas.

La energía se consume como el ovillo de lana que va desapareciendo en la medida que se va tejiendo; la energía del Poder Amor porque el que entiende sabe que el Amor crea Amor, esté nunca se destruye ni se transforma, es eterno y aunque se destruya el universo el Amor queda.

Cada vez que dicen *te amo* el universo crece.

11. VIVIR O MORIR

Ahora los alejados del Amor consumidos por el temor y la culpa se esconden; por eso concilien mientras el Amor alumbra, donde la verdad es imposible de ocultar
y sin nada que ocultar descansen en paz.

Los tibios, ovejas sin pastor, deben saber que el planeta entra en una fase de ilusión pura, donde la tecnología –que no siente ni responde afecto, pero seduce con facilidad– es lo único que les ofrece nuevos retos; y aunque no se decidan acercarse al Amor, disfruten, porque el Amor germina de forma inexplicable
en los sitios más impredecibles.

Finaliza una época de enseñanza y tolerancia, donde ya tuvieron suficiente tiempo para capotear acercarse al Amor; están en una fase donde solo queda poner en práctica lo que saben. Ahora el disfrute de vida se centra en algo más allá de lo mundano,
ahora tienen motivos para orar y ayunar.

¿Qué van a hacer con el cuerpo? ¿saturarlo con más cosas y seguir matando para comer, donde el triunfo es soledad, contaminación, enfermedad, impotencia, hasta llevarlo a la muerte? ¿o llevarlo a la vida, donde no existe la muerte, al éxtasis de los sentidos superiores?

En la resignación al desapego, en la riqueza o en la pobreza se genera Amor; muy lejos del temor, la carencia, el sufrimiento, la enfermedad y la muerte.

147. LA PIEDRA PRINCIPAL

El dueño de la tierra la organiza con variedad de plantas y fauna para que hagan su parte según el clima, distribuye el agua, crea espacios para el gusto de todos, construye viviendas, bodegas y atalayas, y después de pensarlo, la da en aparcería.

Llegado el tiempo de la cosecha, muchos reconocen *te amo* como la parte al dueño, pero de otros no recibe su parte; entonces la manda reclamar. Estos aparceros, embelesados con la tierra, creen tener todo controlado y no quieren dar su parte e ignoran a los mensajeros. Entonces el dueño manda a otros para recordarles el trato, pero a estos los golpean, los insultan y los amenazan con la muerte.

Al dueño le queda la esperanza de su hijo y piensa: *sin duda, escucharán a mi Hijo Amado.*

Pero estos resultan con la memoria afectiva vacía; entonces se reúnen y conspiran: este es su hijo, matémoslo y digamos a todos que no den su parte y el dueño en su tristeza morirá y dejará de pedir su parte y nos quedaremos con todo.
Y alejándose del Amor al punto de no retorno, así lo hacen; pero los que murieron por la eternidad fueron ellos.

El ser que despreciaron no murió y se convierte en la piedra principal sobre la cual se construye

La nueva generación de Amor.

148. LA ENFERMEDAD

Para salirse del ciclo de la enfermedad, inhalen vida y exhalen Amor, mediten, oren y ayunen, sanen su memoria afectiva y dirijan su Amor a los átomos que conforman el cuerpo.

Hay muchas causas que permiten la enfermedad, pero solo hay una cura, mamá y papá la saben y funciona.

La ilusión devora las emociones, coarta la respiración, altera el pH del cuerpo, los átomos cambian de vibración y este desorden es el que permite la enfermedad, pero igual la puede deshacer, porque los átomos reaccionan al idioma del Amor.

Pero para la mayoría a quienes la enfermedad, el síndrome, el trastorno, la invalidez o la discapacidad los tiene atrapados, alejándolos de la serenidad de verse perfectos, existe la "ilusión" de la tecnología y la medicina que promete liberarlos del desasosiego pesimista de que las cosas pueden ser peor.

Pocos escuchan que toda enfermedad es para que en ella se demuestre el Poder del Amor.

La vida artificial quita oportunidad a otros seres.
—esto es, cuanto más energía para algo, menos para otro algo—.
—La energía ni se crea ni se destruye—.

Al respirar a conciencia generan Amor y el Amor es infinito, por lo que se pueden liberar de esa ecuación.

CAPÍTULO 12
EL SENTIDO DE LA LEY

*Si todos los cercanos al Amor
se unen bajo el mismo propósito y decretan:*

**Que el Amor triunfe sobre el temor,
la mentira y la represión,**
todos triunfan.

*La vida permite que sepan que cumplen la Ley
cuando gozan acercándose al Amor
y que la incumplen cuando gozan sufriendo acercándose al ego.*

*La Ley es Amor; donde triunfa la vida existe la Ley
y no necesita quién la haga cumplir porque ella es por sí sola.*

*El planeta, la galaxia y el universo son para disfrutar
y los que disfrutan den con gusto parte al Amor Primogénito,
pero lo único que él recibe es te amo,
inhalando vida y exhalando Amor.*

DE PIE INHALAR VIDA TRES VECES
EXHALAR AMOR Y LIBERTAD

149. EL SENTIDO DE LA LEY

La Nueva Ley es clara: quien se aleja del Amor la infringe; así se pone fin a la antigua Ley y a todas las demás leyes que atenten contra la libertad, la verdad y los alejen del Amor.

La Ley avisa de su cumplimiento con alegría y de su incumplimiento, con tristeza, dolor y sufrimiento.

La Ley es una en el universo y no necesita de alguien que la haga cumplir; no necesita de abogados o jueces ni del más avispado de turno que la interprete; ella es por sí misma, está en todo y en todas partes.
La Ley no castiga porque es Amor, pero es inexorable, implacable e incondicional; el que se aleja del Amor la infringe y sufre, aunque sea el más rico, influyente, grande, pequeño, avispado o ingenuo.

El triunfo del Amor es la vida; y mientras exista la vida no se le quitará a la Ley ni un punto ni una coma.

Así que el que se acerque al Amor disfruta no por premio, y el que se aleje del Amor sufre no por castigo; sino porque así es la Ley.

150. EL LÍMITE DE LA LEY

Lo peor que le puede pasar a un ser es alejarse del Amor, temer decir la verdad y perder la libertad; son los límites a los que no hay que llegar, de esto depende sus vidas.

Hay quienes traspasan estos límites, cuando padres, personas, grupos, sociedades, empresas, gobiernos se imponen, manipulan, sobreprotegen y esclavizan a los demás.

Y con la excusa del bienestar para todos, los inducen a la guerra por la tierra; los chantajean con dádivas en el más allá; los envician a la comida, al licor, a las droga, a la adrenalina, a los medios de comunicación; y no falta el Gobierno que subyuga el disfrute de su gente con represión y exceso de exigencias. Al final todos pierden porque moldean sociedades huecas, planas como lápidas, sometidas, lejanas al Amor, a la verdad... y sin emociones ni creatividad, resquebrajan el gusto de vivir y crear vida.

¡Despierten! y con ustedes despertará el Poder del Verbo, generen la vibración que refleje el Amor de lo que quieren; con telepatía para que llegue a todo el planeta, porque si no lo pronuncian ni lo decretan, nada sucede.

La Ley es Amor y el Amor es infinito; de ustedes depende permitir ponerle límites.

151. SEMILLAS DE VIDA

Un labrador sale de mañana a sembrar; al volear la semilla parte cae en el camino, allí llegan las aves y se la comen.
Parte cae entre piedras; esta brota con el rocío, pero el sol la seca.
Otra parte cae entre espinos; estos crecen más rápido y la ahogan.
Parte cae muy profundo, lejos de la luz y no germina.
Y la mayor parte cae en tierra fértil y húmeda; esta crece, adorna el paisaje, alimenta la fauna silvestre y da una gran cosecha.

–Señor, explícanos esta metáfora.

–El que siembra es el mensajero y la semilla, el mensaje.
La semilla que cae en el camino simboliza a quienes oyen, pero no escuchan; vienen los estafadores y reemplazan el mensaje sembrado en sus corazones con ilusiones y desilusiones y mueren.
La semilla que cae entre piedras simboliza a los que reciben el mensaje con gusto, pero por *pereza* dependen de otros para decidir; así, cuando son cuestionados en su fe en el Amor dirán: "no sé"; así fracasan en sus principios y mueren.
La que cae entre espinos simboliza a los que entienden el mensaje, pero por el *afán* de tener riquezas y placeres la ahogan sin que dé fruto y mueren.
La semilla que cae muy profundo no germina, pero tampoco muere.

Pero la semilla que cae en tierra fértil simboliza a los cercanos al Amor, *los que oyen el mensaje, lo sienten, lo viven, lo cuestionan, lo piensan, lo estudian y lo entienden a fondo; lo aceptan, lo mejoran, le dan vuelta y otra vuelta, lo ponen en práctica y lo defienden;* no quieren dejar coma sin entender ni fisura sin explorar, para que nada ni nadie se lo arrebate y su fe en el Amor sea más sólida que el acero.
Ellos son como la semilla que cae en tierra fértil que germina, alegra las emociones y le da continuidad a la vida con una gran cosecha.

Amor por la vida y la vida por la libertad.

152. LA TRANSICIÓN

La Nueva Ley solo entiende que alejarse del Amor o acercarse a él es lo determinante.

Van a contarle a Juan que los discípulos bautizan cerca de donde ellos están y él así lo entiende:

—Nadie tiene nada que el Amor no haya aprobado, ni quiera dar ni que cada quien haya pedido. El Amor nada da que no sea Amor y todo lo que da es perfecto. Por eso entiendo y celebro que mi tarea en este mundo esté por terminar.

La Ley antigua del desierto cumple su misión hasta Juan, él advierte cómo la sabiduría antigua se convierte en egocéntrica, excluyente, alejada de la realidad y del Amor.

Él abre camino a la Nueva Ley.

153. PAZ CONSIGO MISMO

El Amor Superior de cada uno celebra todo lo que hacen en la cercanía al Amor y lamenta que estos momentos no sean más frecuentes.
El problema de la humanidad es que se dejó poseer por la ilusión del bien y el mal y en la medida que se critiquen, se juzguen, se comparen y se saboteen, se alejan aún más del Amor.
Así caen sin darse cuenta en una batalla de culpas y temores,
y en esta confusión
¿cómo podrán reconocer el Amor?...
¿con qué gusto harán las cosas?...
hasta el punto de creer que son dignos
de un castigo, como puede ser el dolor,
la culpa, la esclavitud, la enfermedad y la muerte.

Para liberarse de ese destino, no más saboteos, confíen donde vean Amor, el Amor atrae Amor, permitan que las cosas sucedan, deleguen sus temores y sus culpas al Amor Superior, satisfechos den parte al Amor Primogénito para que disfruten sin temor y sin pena.

La paz no son vacaciones; es saber lo que quieren, disfrutarlo, trabajar por eso y que eso genere Amor a todos los que los rodean.

154. DÍA DE DESCANSO

Le preguntan que si en La Nueva Ley está permitido trabajar en días de oración y descanso.

−¿Acaso qué está permitido hacer?
Porque ni oran ni descansan; solo duermen, comen e intrigan en cómo controlar a los demás para obtener más dinero.

¿Cuánto más vale la vida de una persona que toda la comida y todo el dinero del mundo?
¿Quién, por cumplir su palabra, trabaja hasta el amanecer?
¿Quién teniendo una afición no la disfruta el día de descanso?
¿Quién teniendo que estudiar o investigar, no pasa en vigilia hasta encontrar lo que busca?

Por tanto, sí está permitido hacer lo que quieran en sábado, domingo o cualquier día de la semana. La vida es para disfrutar y el único trabajo válido es mantenerse cerca al Amor en todo lo que hacen; en eso no hay descanso.

Llama a un hombre que tiene una mano tullida y a sabiendas de lo que quiere, le dice:
−Extiende la mano… y su mano, mientras la extiende, queda tan sana como la otra.

"El Amor no cesa de trabajar y yo oro sin parar".

155. APLIQUEN LA LEY

Si lo que quieren es lograr ser felices con lo que pidieron desde antes de nacer y ver al planeta próspero y saturado de dicha, deben reconocer sus poderes y ofrecerlos a su Amor Superior, pidiendo que sean instrumento de la Ley para que el Amor triunfe sobre todos los alejados del Amor; uno no sabe quiénes son, pero en el cielo conocen sus corazones; esta es la única manera efectiva que usted, sus familias, sus regiones y en lo posible
el planeta salgan triunfantes.

Sin el ejemplo destructor humano los animales también encontrarán paz, los depredadores desaparecerán
y eso traerá la sana saturación del planeta.

Aunque los cercanos al Amor nunca mueren, ayuda reconocer que la Ley del verbo Amor es la más poderosa
que todas las armas para sanar el planeta.

Si así lo quieren y lo decretan, así será, porque en el cielo también quieren que triunfe el Amor; pero solo si lo piden
y así como lo pidan así será.

Cuando el Amor triunfe, el Hijo Amado,
el creador de la Vía Láctea, vendrá por segunda vez,
pero esta vez a celebrar, como lo prometió.

156. CREER

Cada persona decide en qué creer.

Creer le da poder al Verbo para transformar la energía en acciones, pensamientos y palabras.

A muchos les enseñan a creer en lo evidente y comprobable; y el temor de abandonar esta ilusión no les permite evolucionar en otras dimensiones; otros solo hacen lo que les enseñaron, pero eso no significa que es lo que quieren y no reaccionan y ahí se quedan patinando; tampoco escuchan para no arriesgarse a cambiar sus patrones o creencias, aunque estas no generen Amor.
Otros son de actitud positiva, pero en su corazón no creen, por lo que no son felices ni generan Amor.

Crean que el Amor nunca se equivoca, que no son culpables de nada, porque todo es perfecto en la cercanía a él
y todo lo que sucede, es en su beneficio.

Si no consiguen lo que piden, es porque seguro lo tienen en la punta de la nariz y no lo ven o no se dieron cuenta y lo dejaron pasar; o han dejado algo por hacer o por completar por no haber dado la oportunidad al Amor único de expresarse. Nada de eso los hace culpables de algo, solo relájense y disfruten, respiren profundo y vuelvan a empezar.

Creer es magia, es no negar lo que viven
ni lo que sienten, aunque no tengan
cómo explicarlo.

Lo único que pueden lamentar es descuidar la libertad, defender la mentira y alejarse del Amor.

12. EL SENTIDO DE LA LEY

El que cree y acepta todo perfecto tiene la posibilidad de desarrollar la telepatía, dejando la voz para cantar, declamar, reír, declarar y ponerlos en alerta.

Muchos repiten el libreto de otro y se les olvida creer en el propio; así la vida se pasa en términos de acumulación y mueren sin llevarse nada.

El que cree consigue lo que quiere y puede decir a conciencia *te amo*.

Cuando no creen quedan vacíos y puede suceder que no valoren el Amor recibido ni disfruten las emociones en el momento en que suceden; y en el peor de los casos, se incapaciten para disfrutar y no encuentren motivo para celebrar.

Si creen, pueden aspirar a un nivel más alto y profundo de conciencia.

157. LA MUJER FIEL

Hay cínicos que se pasan la vida mintiendo y engañando; estos se parecen a un alejado del Amor sin retorno; si no fuera porque también hay muchas mujeres que quieren ser madres y serán mamás y papás por no encontrar con quién disfrutar la vida ni con quién generar Amor.

El Amor perdona todo.
La victoria del Amor es la vida; por eso la persona es libre de encontrar una pareja y crear vida, y esta nueva vida tiene la bendición del cielo y de todos los cercanos al Amor.

Las mujeres, como los hombres, son dueñas y responsables de su sexualidad.

El problema con las parejas es que algunas veces uno de los dos olvida o no sabe lo que quiere y no valora a la otra persona y maduran a diferentes ritmos y por falta de diálogo se amplían las diferencias y empiezan a suponer lo peor; esto lleva a sentir celos, inseguridad, dolor, temor, soledad y trae conflicto, riña que algunas veces termina en violencia.

Así que, cuando algo en ella observe y esta lo acepte, ella lo aportara después para usted y los dos crecerán juntos.

158. DIVORCIO Y ADULTERIO

Entre las mujeres que lo siguen, algunas hablan a la gente,
también sanan y hacen milagros.

Una de ellas le pregunta que si está permitido separarse de su pareja.

–En el principio todas las uniones se dan por Amor; por eso
hombres y mujeres dejan todo para unirse y renacer en un cuerpo
y dos espíritus; porque solo hay unión de espíritus en la fusión
Primogénita del Amor.

Y si la unión es por Amor, no separe el hombre
lo que el Amor ha unido.

Pero cuando esta unión es por conveniencia, arreglada, por engaño
o despecho, sin el Amor que los una, esta relación no tiene el favor
del cielo y es consecuente separarse.

Sin su pareja verdadera no tienen con quién compartir las
emociones del corazón ni con quién dar parte al Amor Primogénito.

Es mejor solos que convivir con una persona
que no cree ni siente admiración por la otra.

Quien se separa de su pareja que no es la verdadera, por la que es,
aunque tenga hijos, no comete adulterio y sí trae alegría a todos.

Toda persona que por dependencia no se separa de la persona que
no es su pareja, la pone en peligro de alejarse aún más del Amor.

159. LA ILUSIÓN DEL DINERO

*¿**Cuánto** dinero tienen acumulado?*
¿De qué les sirve ganar el mundo entero, si pierden la vida?
¿O cuánto pueden pagar por su propia vida?

El dinero mantiene a las personas en la cuerda floja, al no saber si se comportan con la seguridad que da o por la confianza en el Amor, que es abundancia en todo sentido.

Para enfrentar este combate y no tener que pasar por la miseria humana, aprendan en el desapego a reconocer lo real, lo que los hace seres conscientes de las emociones cercanas al Amor.
Pueden empezar por alejar cualquier pretensión de creer que el dinero es lo que les da la vida. El dinero lo que da –si son cercanos al Amor–, es la posibilidad de continuar lo que han hecho, reforzar su memoria afectiva y la de los demás. Y cuando sean retados por la ilusión, respiren profundo, miren su vida perfecta;
así el estrés de querer todo, se anula.

Acepten lo que les llega de la mano del Amor y celébrenlo sin dormirse en los laureles, porque el próximo combate se acerca.

Hagan de la vida un disfrute para querer vivir la Eternidad.

160. TALENTOS

Un rico se va de viaje, llama a tres criados y a cada uno lo deja a
cargo de mil monedas.
A su regreso pide cuentas, uno le devuelve tres mil;
a él le dice que es un criado talentoso y fiel
y que lo pondrá a cargo de más y lo invita a su casa a celebrar.
Otro le devuelve dos mil y le dice que es un criado fiel
y lo invita a alegrarse con él.
El tercero le dice: —Tú me diste algo que a sabiendas yo no quería y
como no soy negociante, cavé un hoyo y las escondí, aquí están tus
monedas... yo veía en ti a un hombre duro y rudo,
que cosecha donde no siembra; ahora veo que nos pusiste una tarea
sin ningún interés, aparte del que tiene el dinero por sí mismo en
una sociedad; ¡te pido disculpas y que me permitas desempeñar
un oficio que solo dependa de...!

El rico al fin lo interrumpe y le dice: —Eres un criado descarado y
holgazán, como no era lo tuyo; para eso están los bancos
y yo habría recibido los intereses con gusto, ¡quítenle las monedas!
Y dénselas al que hizo más ¡porque el que sabe lo que quiere recibirá
más de lo que tiene! y a este inútil para los negocios,
que ahora sabe lo que quiere, ¡que lo demuestre! ábranle espacio en
un taller para conocer sus talentos, reciba más de lo que es, genere
mucho Amor y se regocije con nosotros sentándose a mi mesa.

161. DEMOCRACIA

Si dejan todo lo que conspire contra el ser humano, emerge el Amor.

En la cercanía al Amor todo está permitido, concepto implícito en la Ley Universal del Amor.

No hay tiempo para la Amorcracia: "Amor por la vida la verdad y la libertad", solo queda para la democracia y el instinto de supervivencia.

La humanidad es el resumen de la lucha de la vida en libertad contra la muerte en esclavitud.
Los opresores se dividen en dos; unos son creativos y evolucionan en todas las direcciones, su meta es mejorar las técnicas para negociar hasta esclavizar el espíritu a lo material, sin quitarles la libertad de decidir cómo quieren ser esclavos. Los otros lo hacen a la fuerza, esclavizan a la gente, *física y espiritualmente, sin darle la oportunidad de estar donde quieren.*

De la vida en libertad nace la democracia, para que las personas haciendo lo que quieren sean felices; pero esta permite las doctrinas que esclavizan lo que atenta contra ella misma, lo que la hace imperfecta, autodestructiva y una cueva de ladrones.

Para corregir esto se requiere posicionar al Amor como eje central de la sociedad y el punto de referencia para legislar; así es que quien se aleje del Amor incumple la Ley.

El capital de un país es la felicidad de su gente, motivada a desarrollar su vocación y en unión de logros, el beneficio de todos; lejos de la ilusión, la corrupción, el dolor y la carencia.
La felicidad es una responsabilidad individual, y se da cuando saben lo que quieren, en un ambiente de libertad, motivo para Investigar

12. EL SENTIDO DE LA LEY

cómo ayudar a los que no saben lo que quieren, sin confundirlos con los que quieren vivir en austeridad.

De todas formas, todos deben tener lo necesario y la oportunidad para decidir como, cuando y donde quieren estar.

No es una coincidencia que los países libres en donde siguen el mensaje sean los más prósperos; esto se da por el equilibrio que logran entre la libertad vs. la productividad.

Busquen la recordación poniendo en la plaza pública lo que simbolice libertad, verdad y Amor, y vean las estatuas como arte.

Si esperan lograr lo que pidieron desde antes de nacer, es necesario permitir que se aplique la Ley Universal del Amor, que blinde la libertad, la verdad y la vida cercana al Amor; esto suena a ilusión, pero es lo único real; que los políticos de turno dejen de creer que la política es la vocación del que coja más. La vida no es para asumir roles y menos el de ser rico; los roles sacrifican la identidad y la autenticidad.

Es denigrante clasificar el éxito por los ricos; no es un honor porque muchas riquezas se cimientan en la pobreza de otros, pero esto los ufana de esto, lo que los convierte en alejados del Amor; el honor esta en dar la oportunidad a su gente de ser feliz. Que los *rating* evalúen el capital de la empresa más el de los empleados y ahí se sabe cual es el que mejor cumple lo que quiere.

Que los líderes no monopolicen con astucia la verdad, porque en estos sistemas es igual estar muerto a estar vivo, y sobreviven porque como sanguijuelas se nutren del éxito de los demás.

Aunque muchas democracias apoyan el comunismo para tener mano de obra barata y segura –el adagio popular dice: a la larga lo barato sale caro– son tan obvios en su comportamiento lejano al Amor, que es fácil ver cómo ponen en riesgo a la humanidad solo por lucrarse; estos hace tiempo se hicieron esclavos de quien coge más.

Tienen un reto muy grande porque las sociedades inválidas de afecto no se reinventan y tampoco se puede creer en sus logros porque todo lo manipulan.

El Amor es la base del éxito; por eso valoren a los que viven de lo que da la tierra, el aire y el agua, a los que crean empresa, a los empleados, a los políticos y a los estados que defienden la libertad, la verdad y el Amor.

162. LOS IMPUESTOS

Las autoridades buscan pretextos para librarse de él
y le tienden una trampa:

—Maestro, sabemos que siempre dices la verdad, que lo que enseñas es correcto, que no juzgas ni interfieres el Libre Albedrío de los demás, no te mides por dinero y tampoco te dejas llevar por la suposición ni por la vanidad, ni por lo que dice la gente; danos tu opinión:

—¿Estamos obligados a pagar impuestos al emperador? ¿sí o no?

Conociendo la hipocresía de sus corazones, les responde:

—¿Por qué me tienden trampas? Ya tienen el mensaje,
¿para qué buscan más excusas?
Enséñenme la moneda con que se paga el impuesto.

Le llevan un denario y mirando la moneda
por ambos lados, pregunta:
—¿De quién es esta imagen y el nombre aquí escrito?
—Del emperador.
—Entonces den al emperador lo que es del emperador y al Padre,
lo que es del Padre.

Estos quedan admirados y al ver que no pueden sorprenderlo,
se alejan.

La gente expectante, ruidosa y alegre, se ríe y celebra.

CAPÍTULO 13
VIBRACIÓN

El numero 13 es la vibración del cambio por enfrentamiento de fuerzas opuestas.

No tiene contenido porque el cambio aun se estás dando.

AMOR, VERDAD, LIBERTAD
INHALAR VIDA
EXHALAR AMOR

CAPÍTULO 14
PODER DEL VERBO

Es oír Amor cuando hablen.

El verbo es para reconocer Amor al Amor Primogénito,
para nada más importante fue dado.

Cada quien es porque así lo cree y así lo decreta,
pero si después de creer en el Amor dudan
la prueba para volver es grande.

El poder del verbo se hace efectivo cuando dicen te amo;
lo opuesto es el poder del ego cuando dicen me amo, me conviene.

No se dejen distraer, ni pierdan tiempo, decreten:
Que el Amor que es Ley y es Dios, triunfe.

Es pedir que las personas cercana al Amor
merezcan llegar al cielo por estar trabadas en el limbo.

INHALAR VIDA EXHALAR AMOR
INHALAR AMOR EXHALAR VIDA

No se sientan pretenciosos cuando comprueben
que ustedes logran que sucedan muchas cosas,
ni se sientan atrevidos por estar tan cerca
del poder del Amor Superior.

El Verbo Amor es como el movimiento de un trompo,
la intensión de un clavo, la guía de un péndulo
y la confianza de una plomada.

163. PODER DEL VERBO

El poder del Verbo genera Amor por sí mismo, porque esa es su naturaleza y su expresión es un estallido de dicha, felicidad, paz y serenidad. Son explosiones a algo sin fin, como desmaterializar el cuerpo y hacerlo infinito.

El Verbo dado al ser humano es la energía más poderosa en el universo; es tan poderosa que pueden vivir solo de inhalar vida y exhalar *te amo*.

El ego, también tiene poder, es el bien y el mal, que siempre a utilizado en la oscuridad para manipular a otros seres y transformarlos en carnívoros, venenosos, contagiosos, virulentos, infecciosos, ilusos, especializados en destruir.

Y no es para el control de la sobrepoblación como muchos los defienden, porque cada especie sabe cómo autocontrolarse cuando leen la Letra Viva.

Al final nada se pierde, el Amor vuelve al Amor, el ser a la eternidad o a la nada y el Ser Superior crea otro, y la materia a los átomos.

El verbo alejado del Amor no sabe cómo mantener la continuidad de la vida.

164. EL AGUA EN VINO

En una boda, sus discípulos y su discípula le dicen que el vino se acaba.

—¿Por qué me lo dicen? Si mi hora aún no llega.

Ellos insisten diciendo a los que sirven que hagan lo que él les diga.
Pide que llenen una tinaja con agua y que saquen una muestra
y la lleven al encargado de la fiesta.
El encargado bebe y sorprendido exclama:
—¡Todos sirven primero el mejor vino y luego sirven el corriente,
pero aquí han guardado el mejor para el final! y todos festejan.

Luego les dice a sus discípulos:
—Esto es algo que ustedes pueden hacer.

En eso se acercan unos seguidores de Juan y lo cuestionan:
—Señor, nosotros ayunamos y hacemos oración, pero tus discípulos
no dejan de comer y beber; ¿por qué?

—¿Acaso pueden ayunar los invitados a una boda? ¡No, todos
brindarán y celebrarán!
Pero vendrá el momento en que se lleven al novio;
entonces tendrán motivos para orar y ayunar.

¡¡Pongan en práctica estas palabras!!:

***La vida es para disfrutar,
No es para hacer sacrificios.***

165. DECRETOS

Decreto:

Que el Amor triunfe.

¡Que el Amor triunfe sobre el temor, la mentira y la esclavitud, y aún más sobre la ilusión del bien y del mal, la superstición, el dolor, la escasez y la muerte!

Cuando la energía decretada es cercana al Amor hace vibrar los átomos en la misma frecuencia y permite su ejecución.
Esto los lleva más allá del instinto, a ser creadores, obreros del universo en construcción.

Las personas decretan, pero nunca un decreto se ajusta a parámetros de lo que conviene como bueno o malo.
Lo que suceda que genere dolor es obra del ego.

Cuiden lo que decretan ya que los cambios se empiezan a dar sin que se den cuenta, como cuando dominados por la ilusión dicen: "quiero ser el más rico"; y como eso ya lo pidieron muchos, tendrán que hacer cola y esperar siglos. Y cuando empalagados con la gula dicen: "me gustaría no parar de comer". Este decreto tampoco los aleja del Amor, pero tendrán que, en algún momento de su existencia, materializarse en una vaca o en un marrano, sin poder decir quienes son.

De lo que piden no se escapan hasta saciarse por un instante en la eternidad.

166. EVOLUCIÓN

La evolución se da en lo profundo del ser cuando por saturación, conciencia o por simple capricho, experimentan el gusto por una nueva opción de vida y en la necesidad de satisfacerla, decretan y el resultado algunas veces se da de forma inmediata, en otras toma algún tiempo y hasta siglos.

En las personas lo que evita que hagan conciencia y pongan en práctica esta capacidad creadora –con la que podrían sanar al planeta– es que en el fondo no se aceptan a sí mismas y maduran creyéndose imperfectas; entonces el temor alimenta la pereza mental y desmotiva el intelecto –facultad del cerebro que permite almacenar, aprender, entender, razonar, tomar decisiones y formarse una idea determinada de la realidad–
hasta el punto que permiten que otros decidan por ustedes.

Los que manipulan lo real para forzar los resultados vivirán al final un duro golpe, al ver que no hicieron nada por Amor.

Los decretos cercanos al Amor trascienden
y hacen parte de la estructura del universo.

Solo lo que hagan con y por Amor tiene validez en la eternidad.

167. ENVIDIA

El dueño de una viña sale de mañana a la plaza a contratar personal, con quienes acuerda pagar el salario de un día. Este vuelve a salir a las nueve de la mañana, al mediodía y a las tres de la tarde y contrata más personal y les dice que les pagará lo justo.
A eso de las cuatro y media, pide al encargado que pague a los jornaleros empezando por los últimos y que cada uno reciba sin falta el salario de un día.
Cuando les toca el turno a los que entraron primero y como reciben lo mismo, protestan.
El dueño sale y les pregunta que si acaso no acordaron que recibirían el salario de un día.
—¡Sí! así fue.
—¿Entonces por qué protestan?
¿Acaso no tengo libertad de ser justo con ustedes y generoso con ellos?
Al ver que no se tranquilizan, les dice:
—Cuidado, la envidia los pone a conspirar injustamente contra los demás, activando decretos y complejos, como creerse menos porque otros reciben más y esto es causa de acciones equivocadas.
Miren cómo la envidia los aleja del Amor, altera la lucidez de la razón y quedan en manos del ego; ¡paren! valoren lo que tienen como lo que pidieron y acéptenlo como perfecto.

168. EL LABRADOR Y LA MALEZA

Un labrador cercano al Amor sale de mañana al campo a sembrar semilla de trigo seleccionada con su cuadrilla.

Aquella noche, mientras duermen, viene el enemigo con el ego cargado de odio y envidia y esparce entre el trigo semillas de maleza y cinismo.

Cuando el trigo germina aparece también la maleza.
Entonces van y le dicen al labrador:
—Dinos, si la semilla era seleccionada,
¿cómo es que ha nacido maleza?

—Solo el enemigo iluso, envidioso, celoso
y astuto ha podido hacer esto.

—¿Vamos a arrancarla?

—¡No! porque al arrancarla pueden arrancar el trigo... pero... como la maleza consume los nutrientes, es mejor arrancarla de una vez con cuidado.

Y la maleza que quede déjenla crecer, porque como esta crece más rápido y alto que el trigo, será fácil segarla para quemar; luego sí nos dedicaremos a disfrutar la cosecha.

169. LO QUE LOS HACE IMPUROS

Reunidos los jerarcas no pueden disimular la envidia que sienten contra el Mesías porque es abordado por todos los invitados; además, es amable con quienes lo atienden y sirven las mesas, por lo que lo sindican de impuro.

—¿Por qué me condenan?
Si nada de lo que sale del corazón los puede hacer impuros; lo que por sus bocas sale es lo que los hace impuros, reflejo de lo que hay en sus corazones.

—No entendemos...

—Qué tan difícil es *amar* sin condiciones, honrar la *verdad* con fidelidad, enseñar los poderes que *liberan* la razón y decir *te amo*.

¡Pero como nada de esto entienden, eso los hace impuros!

El cuerpo es el reflejo de su Amor Superior y ustedes lo enlodan con suciedad, vicios, miseria y corrupción; esa inmundicia confirma que son impuros de corazón y lo lejos que están de generar Amor.

De lo que rebosa el corazón habla la boca.

170. LÁZARO

Cuando recibe la noticia que Lázaro está enfermo,
no va a verlo sino pasados unos días,
cuando invita a los discípulos a ir a despertarlo.

Señor, ¡esto quiere decir que mejoró su salud!
–¡No! dejo de respirar, vamos a animarlo para que ustedes crean.
–¡Pero allí buscan motivos para matarte!
–*El que anda en la luz nunca tropieza.*

Al llegar, Marta le dice: –Mi hermano murió.
–Tu hermano volverá a vivir.
Ninguno que crea morirá. ¿Crees esto?
–Sí, yo creo.
María cae de rodillas muy triste y abrazada a él, le dice que su
hermano, su amigo, ha muerto; él pregunta que dónde lo han
sepultado; ella lo lleva, seguidos por quienes las acompañan
en el duelo, y entre ellos dicen:
–¡Miren! Sanó a muchos, pero no hizo nada por su amigo.
Al llegar pide que quiten la tapa.
Marta protesta diciendo que lleva varios días muerto
y él le contesta:
–¿No me dices que crees?
Levanta los brazos y lo llama por su nombre:
–¡Lázaro, amigo, levántate, sal de ahí!

Lo invade el aliento de vida, se quita las vendas,
sale y los dos se abrazan.

Los discípulos, admirados comentan entre si,
¡¡todo lo hace perfecto!!

171. OIRÁN SU VOZ LLAMAR

Los reúne y les dice:

–*No duden ni se admiren de esto, porque va a llegar la hora en que todos oirán su voz llamar a cada uno por su nombre; los que hicieron con Amor son los que existen y se presentarán, los que no, no los llamará ni se presentarán porque ya no existen.*

Los discípulos, afanados le preguntan que dónde y cuándo sucederá esto.

–Donde esté el cadáver, allí se juntarán los corruptos con los buitres… y dirán, aquí lo veo, allí está; pero no crean, porque, así como el relámpago con su resplandor ilumina todo de lado a lado, así será el día de su revelación.

Así pasó en la antigüedad, cuando la corrupción era la justicia y controlaba todo; entonces el relámpago con su resplandor anuncia el diluvio para sanar el planeta y obvio, los únicos que creyeron fueron los cercanos al Amor, los otros con mil justificaciones golpean para entrar, pero al final mueren ahogados.

Igual pasa ahora en todo el planeta: la gente come, bebe, va a los templos, comercia, siembra y construye en aparente progreso; pero solo los que escogen crecer bajo la Ley Universal del Amor darán testimonio de lo que es vivir por la eternidad.

172. EL ESTANQUE DE SANACIÓN

En un estanque de sanación se encuentran muchos enfermos, se acerca a uno viejo y le pregunta que si quiere sanar y este le responde que no; –¿quieres morir? –no.
–¿¡Entonces qué quieres!?

–Yo... quiero seguir viviendo, pero este cuerpo viejo me estorba y no sé cómo liberarme de él.
–Respira profundo... escucha y repite:
¡Soy Amor! ¡Soy verdad! ¡Soy eterno!
¡Me libero de la materia, ilusión de este mundo!
¡Repítelo... y hazlo...!
¡Libre podrás volver a este planeta cuantas veces quieras!
y se abrazan.
Se acerca a otro que lleva años tirado en una camilla y le pregunta que si quiere sanar y él dice que sí, pero que no tiene cómo llegar al estanque cuando las aguas se remueven.

–¡Levántate y anda!

El viejo recobra poder sobre su cuerpo, recoge su camilla y sin chistar echa a andar. Pero la guardia lo para y le pregunta que por qué camina, que si acaso no estaba enfermo y las aguas del estanque están quietas...
¡Ahh! ¿Te lo has inventado todo para no pagar impuestos? –¡No!, aquel que llaman el Mesías me dijo: "levántate y anda".
–Entonces que pague él ¿dónde está? –No sé.

Al rato lo ve, busca a la guardia y les dice:
–Allí va, es él.

173. ¿QUIÉN ME HA TOCADO?

Mientras camina la multitud lo oprime; entre la gente va una mujer que ha gastado en médicos y medicinas toda su fortuna sin sanar; se acerca por detrás, lo toca y en el acto sana.

Entonces él para la marcha y pregunta:

—¿Quién me ha tocado?

Y como la gente no responde, Pedro le dice:

—*Pero Maestro, la gente te toca, te oprime y empuja por todo lado.*

—*¡De mí ha salido poder de sanación!*

La mujer al ver que no puede ocultarse, va temblando y de rodillas a sus pies confiesa delante de todos por qué razón lo toco y como en el acto sanó.

—*Hija, por tu fe has sanado.*

174. TALITA CUMI

El jefe del templo sale y le suplica por su única hija que tiene trece años y está a punto de morir; le ruega que vaya y le imponga sus manos para que viva.

—¡Vamos!

En eso llega un mensajero y le dice al oído que su hija ha muerto.

Él al ver su dolor se acerca y le dice:

—No tengas miedo, solo cree y tu hija vivirá.

¡Sigamos!

Cuando llegan, los músicos se preparan para el entierro, los padres y las demás personas no paran de llorar, no son plañideras, lloran de verdad.

—¿¡Por qué lloran y se alborotan de esa manera, si la niña está viva!?

Todos se burlan al ver que está muerta, pero él los hace salir, excepto a Pedro, a dos de sus compañeros y a los padres de la niña.

Ellos lloran, pero él vuelve y les dice que la niña no está muerta, la niña vive; se acerca, toma su mano y dice:

—*Mi Amor ¡levántate, arriba muchacha!*

Al momento la niña despierta, se levanta y contenta echa a correr.

175. LEVÁNTATE Y ANDA

Unos hombres llevan a un paralítico en una camilla, pero por la cantidad de gente no se pueden acercar; suben al techo, hacen un agujero y lo bajan por ahí; cuando ve la fe que tienen, dice al enfermo que repita:
—*¡Mis pecados por los que me culpo, quedan perdonados!*

Los sacerdotes que lo vigilan reclaman:
—¿Quién es este? ¿Qué se cree? ¡Solo Dios perdona los pecados!
—¿Cuándo entenderán que el verbo Amor en cada uno tiene el poder para perdonar la culpa que lleva a la enfermedad y la muerte?

¿O será más fácil que entiendan si le ordeno al enfermo que se levante y ande?

Y como no responden, dice al enfermo:
—¡Levántate y anda!

El enfermo recupera la fuerza, se levanta, agradece, le abren paso y se va.

—*¿Siguen sin entender cómo la ilusión del bien y del mal lleva a la esclavitud de la culpa y a la muerte?*

Y es así como demuestra delante de todos:

El Poder del Amor,
la debilidad de la enfermedad y
la fragilidad de la libertad.

176. ¿QUÉ QUIERE EL CIEGO?

Le llevan a un joven ciego de nacimiento y le piden que lo sane.

Él lo aparta del grupo y le pregunta que qué es lo que quiere y él le responde balbuceando:
—¡ver!
Entonces le pide que respire profundo, le moja los ojos con saliva, espera a que respire y le pregunta que si ve algo.
—¡Sí!, pero solo veo cosas y bultos que se mueven.

Entonces le pide que respire profundo e impone las manos sobre su cabeza; luego el joven mira con atención y dice:
—Veo, pero no entiendo nada.

Haciendo uso de su paciencia, le pide que respire profundo tres veces más, suave; luego el muchacho abre los ojos
y emocionado dice:

— ¡Ahora entiendo, reconozco el Amor en lo que veo; eso es lo que quiero!

177. EL CENTURIÓN

Por el camino unos ancianos le ruegan que vaya a ver al criado de un centurión, con el argumento que este merece que lo ayudes, pues él permitió y ayudo a construir nuestro sitio de oración.

–¡Vamos!

Al llegar, el centurión sale a su encuentro y le ruega por su criado que está muy enfermo diciéndole:

–Señor, no merezco que entres a mi casa, sé que una palabra tuya bastará para sanarlo, porque estoy bajo órdenes superiores y a la vez tengo soldados bajo mi mando, y cuando le digo a uno de ellos vaya o venga, él va y viene; igual hago yo.

Sorprendido por su conciencia y su fe, les dice:

–Les aseguro que solo los que tengan la sensatez igual a la de este hombre se sentarán a la mesa en la Cúpula del Cielo.

Ve, que se haga tal como has creído.
Y el criado sana.

178. MIGAJAS

Por el mismo camino, una mujer con atuendos desconocidos se acerca al grupo gritando:
–¡Hijo Amado, ten compasión de mí, mi hija tiene un demonio!

Ella los sigue dando voces.
Los discípulos se acercan y le ruegan:
–¿Señor, podemos decirle a esa mujer que se vaya? nos trae locos.

Se detienen, la llama y ella postrada de rodillas a sus pies, le pide:
–¡Hijo Amado, ayúdame!

–¿Pero cómo ¡acaso es correcto quitarles el pan a los míos para dárselo a los que no creen!?

–Señor, yo creo, aunque no merezco ser de los tuyos, pero hasta los perros comen las migajas que caen de la mesa de sus amos.

–Hija, ¡qué grande es tu Amor!
Hágase como has creído.

Y desde aquel momento, su hija sana.

179. PODER DEL VERBO AMOR

–Maestro, la gente nos ha seguido por días, son muchos,
tienen sed y hambre.
–¡Denles algo de comer!
–¿Pero de dónde vamos a sacar para dar de comer a tanta gente?
Se alborotan sin saber qué hacer, unos dicen que es mejor que se vayan; otros, que no hay dinero ni dónde comprar para tantos; otro dice que allí hay algo de comer, pero qué es eso para tanta gente.

Al fin los tranquiliza y les pide que reúnan zurrones,
odres y traigan esos alimentos...

Toma los panes... los bendice... y los multiplica...
llenando los zurrones.
Toma los peces... los bendice... y los multiplica...
quedando los zurrones a reventar.
Toma el mosto... lo bendice... y todos los odres parecen reventar.

Todos comen y beben emocionados dando gracias
por ser parte de este dichoso milagro.

La noticia se dispersa y muchos llegan a comer
y a beber hasta saciarse.

La gente impresionada, lo quiere hacer rey; entonces se escabulle hacia el monte, pidiendo a los discípulos que se vayan, que despidan a todos, que él después de orar los alcanza.

180. CAMINÓ SOBRE EL AGUA

Termina de orar y de lejos ve a los discípulos en una barca que no avanza, azotada por las olas y ráfagas de viento en su contra.

Entonces va hacia ellos caminando sobre el agua, pero hace como si quisiera pasar de largo; ellos, al verlo pasar, piensan que es un fantasma y gritan: –¡Un fantasma! ¡Un fantasma!
Pero él se devuelve y les dice:
–¡No! ¡No tengan miedo, soy yo!
–¡Es un fantasma!
–¡No, soy yo!

Pedro le dice que si de verdad es él, le permita ir hacia él caminando sobre el agua.
–Ven. Pedro, baja de la barca, da un paso, pero atrapado por el miedo y la duda empieza a hundirse y grita: –¡Señor, sálvame, Señor!

Él lo agarra y le pregunta:

–¿Por qué has dudado? ¡Qué poca es tu fe!
Y pregunta a todos: ¿por qué tanto miedo?

Ellos aún no asimilan el milagro de los panes y ahora con esto quedan obnubilados; cayendo de rodillas, queriéndolo tocar y casi llorando, le dicen que no volverán a dudar.

Atraviesan el lago y unos terminan de pasar la noche en la barca y otros tirados en la playa.

181. EL VERDADERO PAN

Al amanecer, los pescadores lo reconocen, se devuelven a sus casas
y le llevan niños, enfermos y ancianos y le ruegan que los deje
tocar, aunque sea el borde de su túnica; también llegan barcas con
sacerdotes y gente que lo busca del día anterior
y le preguntan que cómo hizo para llegar aquí.

–Ustedes me buscan porque oyeron que muchos comieron hasta
saciarse, pero no se esfuercen por la comida que se acaba;
si van a trabajar por algo, esfuércense por la comida
que nunca se acaba y da Vida Eterna.

–Danos otra señal porque nuestros antepasados
comieron el maná en el desierto.

–Sí, pero ellos murieron...
¡El pan verdadero es el aliento de vida y quien coma de él no
volverá a tener sed ni hambre y tampoco morirá!

–¡Cómo dices que nunca moriremos!
¿Quién te lo puede creer?

–¡¿Esto los sorprende?!

El triunfo se da cuando inhalan vida y exhalan Amor,
segundo a segundo el cuerpo de todo aprovecha y sin apegos
vivirán por la eternidad.

182. METÁFORAS E ILUSOS

Parten a otra orilla; otras barcas los siguen de lejos, en eso los discípulos paran de remar y le preguntan que por qué utiliza metáforas para hablar.

—El mensaje les revela los enigmas de la existencia; pero para los que usan el conocimiento en beneficio propio, las metáforas actúan como filtros para que por mucho que miren no vean y por mucho que oigan no entiendan y para que al final no se vuelvan a mí y yo tenga que sanarlos.

Ellos todo lo ven y lo oyen para ponerlo al servicio de la productividad sin importar el trato a las personas ni la destrucción del planeta, y se ufanan de gastar, de invertir, de hablar, de donar, de viajar, de saber, creyéndose más de lo que son; y los más alejados anhelan poder violentar, quitar, robar y estafar sin mover un dedo y a punta de sobornos, quedar impunes.
Y sin hacer el mínimo esfuerzo por acercarse al Amor ni por reparar a las víctimas, esperan volver a mí y que yo los sane.

—*¡Ilusos!– vivir alejados del Amor es la otra opción y es perfecta para asegurar la muerte; ellos lo saben y es la que han escogido, pero déjenlos que se revuelquen en sus ilusiones, que eso es lo que son.*

Manténganse lejos de ellos para que nada de lo que hacen los toque, los afecte ni los encadene.

183. EN LA OTRA ORILLA

Llegan a la otra orilla, allí salen a recibirlos, cuando aparece un muchacho que, como perro loco, corre con manos y pies hacia ellos.

Aquel hace tiempo que anda sin ropas de día y de noche entre las tumbas, correteando a la gente, gritando y golpeándose con piedras la cabeza sin que nadie lo pueda dominar.

Al acercarse lo reconoce, se devuelve y echa a correr hacia el monte donde pastorea una piara. El Hijo Amado levanta los brazos y aquel cae, y al caer la piara espantada corre gruñendo hasta el lago. Mientras tanto, el muchacho se levanta, busca abrigo y poniéndose de rodillas a sus pies, le dice:

–¡Gracias, Señor! Cuando te vi tuve miedo, pero al oír tus palabras reconocí el Poder en mí y entendí; y haciendo uso de la autoridad del Verbo Amor sobre la oscuridad, pude expulsar esas nubes que atormentaban y oscurecían sin piedad mi existencia.
¿Cómo fue que todo pasó tan rápido?

La gente que salió a recibirlo ahora confundida y atemorizada le pide que se marche.

184. LA TEMPESTAD

Las otras barcas los alcanzan y todos retornan juntos. Mientras reman, él entra en reposo; de repente se desata una tormenta y el viento levanta olas tan altas que todos gritan:

—¡Maestro, Maestro, nos estamos hundiendo!
También le gritan de las otras barcas:
—¡Maestro! ¿no te importa que nos hundamos?
¡Señor, sálvanos! ¡nos hundimos!
¡Señor, vamos a morir!

La gritería lo pone en alerta; levanta los brazos, mirando al cielo y en cuestión de segundos cesa la embestida y pregunta:
¿por qué tanto alboroto?

—¡Nos hundíamos!

—¡Qué poca es su fe!

—¡Íbamos a morir!

—¡Creer es disfrutar hasta el último instante!
¡No permitan que el temor los haga dudar!

Los de las otras barcas que no lo conocen se miran unos a otros diciendo:

—¿Quién es este que da órdenes al viento y a las nubes y estas le obedecen?

CAPÍTULO 15
VENIMOS A DAR AMOR

*El Amor solo es uno y generar
Amor es todo.*

Todos, sin excepción, venimos a dar Amor.

*Las Emocione cercanas al Amor,
aunque son intangibles e invisibles
son lo único real que les puede dar felicidad.*

*Un abrazo sincero genera Amor.
Uno a si mismo también.
La cercanía al Amor nunca
genera tristeza.*

*Inhalando vida y exhalando Amor
le dan al Planeta más de lo que le quitan.*

*Hacerlo 3 veces, tres veces al día
le dan al cuerpo más de lo que creen.*

*El mayor tesoro no es encontrar piedras preciosas
ni metales valiosos; es encontrar Amor para compartir.*

INHALAR VIDA SUAVE 3 VECES
EXHALAR MUCHO AMOR

El Amor primogénito, lo único que acepta,
todos ya lo saben, es lo único real, es el idioma universal;
nada vale más y es perfecto; esto es: te amo.

Es tal el Amor y la generosidad del Amor Creador
que permite –para el que quiera–
manifestarse en cada uno a su imagen y semejanza.

185. TEMER A DIOS

La tradición dice: hay que temer a Dios, pero esto no es un principio real, porque Amor es Dios y si le temen cómo se podrán acercar al Amor. No hay que temerle, hay que amarlo, eso es lo que el Amor que es Dios, quiere,
que lo reconozcan a través del Verbo Amor.
El Amor solo acepta Amor.

El Amor es lo opuesto a un dios castigador que inflige dolor y temor; aunque maldigan, duden y rechacen su existencia,
él siempre los perdona.

Porque el que maldice lo que verdaderamente está diciendo es que perdió el equilibrio entre lo que quiere y lo que sucede.
Los ateos lo que verdaderamente dicen
es que están alejados de la libertad.
Los que protestan por vicio, los terroristas y demás,
lo que dicen es que no conocen ni por educación el Amor.

El Amor es Ley, es Dios, es perfecto y no lo pueden engañar.

186. PEDRO Y JUAN

Esto dicen los discípulos: Pedro y Juan van al templo; tirado al pie de la puerta ven a un inválido, Pedro se acerca, el hombre cree que le van a dar algo, y le dice que no tiene plata ni oro, pero de lo que tiene le da, y le ordena: ¡levántate!

El inválido recobra sus fuerzas,
se pone de pie y entra al templo alabándolos.

Días después, el inválido los busca
y cuando los ve les habla con voz altanera:
—Yo vivía de la limosna, ahora no tengo trabajo porque lo único que sé hacer es pedir, pero como me ven sano me insultan
y me alejan a empujones.
¿Qué van a hacer por mí?
—¿Qué más que haberte liberado?
—Yo nunca les pedí que me cambiaran, ustedes se acercaron
y sin preguntar me sanaron.

Pedro y su compañero aprenden la diferencia
entre dar Amor y sentir lástima.

El que da sin preguntar busca el honor para sí mismo.

El que no pide es porque se acepta y acepta su vida como perfecta,
y la disfruta tal como la pidió.

187. HONRA Y RECONOCIMIENTO

El Amor los 'honra' con la eternidad y los 'reconoce' por el Amor generado.

Regresa a su propia tierra, entra en el templo esta vez con sus discípulos y por segunda vez lo rechazan sin hacer caso a sus palabras; los discípulos quedan dolidos al ver que esta gente tan cercana a él prefiere recibir honores entre ellos que recibir el honor que viene de la mismísima fuente; él los calma y les dice:

—*No vine por reconocimientos ni a recibir Amor, vine a dar Amor.*

Igual todos ustedes sin excepción, vienen a generar Amor; otros, los más comprometidos,

vienen a dar la Vida por la Libertad,

para que los que han de buscar el camino lo encuentren sin más obstáculos que ellos mismos.

188. LA VIUDA Y EL JUEZ

En un pueblo ejerce un juez que no cree en el Amor, abusa del poder, desprecia la verdad y a la gente.
En el mismo pueblo, una viuda tiene planteado un pleito en el que pide justicia.
Durante mucho tiempo el juez no ha querido atenderla porque con ella no gana mucho, pero finalmente piensa: —Yo no hago nada por Amor y aún menos por caridad; sin embargo, como esta viuda no deja de molestar, le haré justicia para que no siga viniendo y acabe con mi paciencia.

Si esto hizo aquel corrupto juez para quedar en paz, cómo en la Cúpula del Cielo, donde oyen día y noche a sus hijos clamar por la destrucción de todos los alejados del Amor y aunque no lo decreten, en el cielo harán lo suyo porque mucho de lo que piden es lo mismo que ellos quieren para quedar en paz y triunfe el Amor.
Ayúdate que nosotros te ayudaremos.

Si quieren algo, decreten; solo así escuchan en el Cielo, siempre y cuando sea para defender la vida cercana al Amor.

189. EN CASA DE MARÍA

Por el camino entran en casa de sus amigos María, Marta y Lázaro.

María, sentada a los pies del Maestro, escucha sus palabras.

Marta, atareada atendiendo a los recién llegados, se acerca y le dice:
—¡¡¡Maestro!!!, ¿no te importa que mi hermana
me deje con todo el oficio? ¡¡¡Dile que me ayude!!!

—Marta, Marta, estás preocupada e inquieta por las cosas de este
mundo; sin embargo, solo una importa,
María la ha escogido y nadie se la quitará.

190. LO QUE DIGO EN LA LUZ

Lo que digo en la oscuridad,
díganlo a la luz del día.

Lo que digo en secreto,
proclámenlo desde las azoteas.

No hay secreto que no llegue a conocerse
ni nada oculto que no llegue a descubrirse.

Adquieran el gusto de enfrentarse a la realidad para poder hablar con la verdad; la verdad los hace libres porque supera el temor y la ilusión del bien y del mal.

No engañen a la razón guardando secretos, intrigas ni mentiras; así la verdad mantendrá la luminosidad de su mente y se activará la telepatía.

La persona que no tenga nada que guardar ni esconder le es más fácil escuchar a su Amor Superior, y por telepatía la voz de los demás y viceversa; aunque la mayoría de personas aún no tiene la conciencia para reconocer lo que escuchan, por lo que a esto llaman suposiciones, coincidencias, presentimientos o dejavu –*déjàvu* del francés paramnesia, perturbación de la memoria–, pero estos son los pensamientos de unos y otros, que como radiantes se entrelazan para crear conciencia de lo que les sucede.

191. EL YUGO

Esto dice el Amor Primogénito:

Reconozco en los sencillos mi esencia, por lo que doy a ellos lo que tanto ansían sabios, científicos, ricos, vanidosos, avispados, pretenciosos e ilusos.

Sin embargo, los invita a todos a que se acerquen:

I
I
I
I
I
I
I

Acérquense... acérquense todos... todos los que están cansados y agobiados de cargar sus culpas, sus ilusiones y sus vanas promesas; acérquense todos, acepten el yugo que les impongo, con paciencia y humildad, porque la carga que les doy a llevar es diáfana y ligera; la carga es Amor.

Y añade: –Mi paz les dejo, pero mi paz no es como la que dan los que son de este mundo; la paz que yo les doy es verdad y libertad.

192. SEMILLAS DE AMOR

El ser humano como una semilla que se siembra y en la medida que crece no para de dar Amor ni de expresar su esencia en la forma, los colores y el fruto, alegrando a todos.

La semilla igual que el ser humano genera Amor en todo su proceso, es admirable en cada detalle; y da lo mismo si duermen o si están despiertos, si es de noche o de día; germina, se adapta, crece, florece y sus frutos dan nuevas señales de vida.

El ser humano igual que una semilla, en su necesidad de expresar Amor, se adapta sin protestas ni conflictos, interactúa en paz y armonía; cambia sus cualidades por gusto o por necesidad en busca de la luz; y explora nuevos caminos para celebrar los nuevos triunfos de Amor.

Y triunfante, adorna el paisaje con ilimitadas cualidades benéficas a la vida y su cosecha alegra con abundancia la sana saturación del planeta.

Así, el Amor genera Amor por sí mismo y no deja de expresar su esencia.

Entonces dejen de pedir limosnas que nunca llenan ni nunca llegan, pero sí les debilita la voluntad, la fe y la alegría.

193. DAR, RECIBIR Y PEDIR

Pidan y recibirán, busquen y encontrarán, golpeen y entrarán.

–Pero ustedes ya son perfectos, por lo que no vienen a pedir, a buscar ni a golpear, sino a dar; pero antes de decidir que dar, valoren lo que tienen porque no pueden dar de lo que no tienen.

Y si deciden pedir... cuidado con lo que reciben.
Si deciden buscar... cuidado con lo que encuentran.
Y si deciden golpear... cuidado a donde entran.

Porque lo más fácil de recibir, buscar y encontrar es dinero, pero por más dinero que tengan, ¿cuánto podrán pagar por una amistad, por vivir en paz, por tener en quién confiar, por salud, por una relación de pareja sincera?
¿Cuánto pagarán?

Entonces:

Al pedir, recuerden que lo único que en abundancia no hace daño es Amor.

Al buscar, recuerden que lo que buscan es Amor y el Amor está en ustedes.

Y al golpear, asegúrense de tener abierto su corazón, porque el que abre, abre por Amor.

194. ZAQUEO Y LA EXPIACIÓN

Zaqueo, el jefe de los cobradores de impuestos,
quiere conocer al Hijo Amado que pasa por su pueblo,
pero no consigue verlo por ser de baja estatura; se adelanta
y sube a un árbol por donde tienen que pasar.

Cuando pasan por debajo de donde él está,
para la marcha y mirando arriba le dice:

–Zaqueo, baja de ese árbol, que hoy me quedo en tu casa.
Este con gran alegría lo recibe, pero al ver que la gente murmura en contra del Maestro, sube a una tarima y delante de todos dice:

–Señor, reconozco en tu compañía mi fe y mi alegría, también mi necesidad de liberarme y quedar en paz, solo quiero aprender a generara Amor; así que si he robado a alguien, pido perdón y en compensación le devolveré todo multiplicado por tres; además repartiré la mitad de todos los bienes que me queden.

–Yo vine al mundo a invitarlos a que se acerquen al Amor y ahora esta sucediendo en esta casa; reconozco la sinceridad de su corazón.

195. ZAQUEO Y EL PERDÓN

En la cena Zaqueo le pide que le hable acerca del perdón.
—Nadie es culpable de nada, pero sí responsable de sus actos, según la sociedad donde viva. Cada sociedad tiene la forma de controlar a los que se alejan del Amor; sin embargo, el Amor es perfecto, nunca castiga, siempre tendrá una justificación para perdonar; entonces los cercanos al Amor
solo serán culpables por lo que cada uno se condene.

¡¿Y cuántas veces me he de perdonar para no alejarme del Amor? ¿Siete veces siete?!

—**¡No! Sino hasta setenta veces siete.**
—¡No! Eso no puede ser posible.

—¡Sí! Así que si has ofendido a tu hermano o él a ti, cercano o no al Amor, perdónalo y habla con él; si te hace caso, has ganado a tu hermano o amigo; si no hace caso, llama a un familiar o amigo como testigo; si delante de él no reconoce tus disculpas o su ofensa, díselo a la comunidad; si tampoco hace caso, considéralo un alejado del Amor; sin embargo, perdónalo cuantas veces sea necesario hasta poder decir *te amo;* así quedas libre de la pena y de la persona…
recuperas la paz para seguir disfrutando la vida,
sin ufanarte de ser feliz.

196. LA MUJER ADÚLTERA

Le llevan a una mujer que ha sido sorprendida en adulterio. La ponen en medio de ellos y cargados de piedras están listos para matonearla, probablemente hasta matarla, como es su costumbre. Pero antes los conspiradores le preguntan:

–¿La condenamos? ¿tú qué dices?

Y conociendo como conoce sus corazones, respira profundo y dice:

Cualquiera que mire al prójimo sin Amor,
comete adulterio en su corazón.
Por tanto, si tu ojo te aleja del Amor, sácalo y échalo lejos de ti...
y si tu mano te aleja del Amor, córtala y échala lejos de ti...
mejor es que pierdas una parte del cuerpo a que todo tu cuerpo sea
desechado por no amar.

Así que quien se crea libre de adulterio
que arroje la primera piedra.

Ante él no se atreven a mentir y uno tras otro sueltan las piedras, empezando por los más viejos y avispados.

– Mujer, ¿ninguno te condena?
– Ninguno, Señor.
–Vete y no te alejes del Amor.

197. ELLA ME AMA MÁS QUE TÚ

Un jerarca lo invita a un mesón a conversar, cuando una mujer de poca honra aparece con un frasco de perfume, se inclina a los pies del Maestro y llorando los lava con sus lágrimas, los besa y derrama el perfume sobre ellos.
El anfitrión piensa: si este fuera el Mesías, se daría cuenta qué clase de pecadora es esta que lo está tocando.

–Tengo algo que contarte.

–Cuéntame, Maestro.

–Dos tenderos deben algunas piezas de oro a un rico; uno le debe tres y el otro, siete; pero como no pueden pagar, les perdona la deuda.

Dime, ¿cuál de ellos le reconocerá más Amor?

–Me parece que aquel a quien más perdonó.

–¡Tienes razón! ¿Ves a esta mujer? Acepté acompañarte y no me has ofrecido nada, en cambio ella me ha bañado con sus lágrimas; no abrazaste mi presencia, ella no deja de abrazar mis pies; no aprecias mi compañía, en cambio, ella ha vaciado su perfume sobre mí.

Ella demuestra que me ama más que tú,
y se le perdonara más por amar mucho;
pero a quien poco ama, poco se le perdona.

Y le dice a la mujer:
–Las culpas que creías tener no existen, cuando lo que hiciste lo hiciste por Amor; vete, no te alejes del Amor.

198. EL SAMARITANO

Un sacerdote se acerca y le pregunta que cómo saber lo que es Amor.

—¡Da igual a como te gusta recibir!

Pero debes saber que nadie está obligado a dar ni es su responsabilidad la vida de otros.
—¿Me puedes explicar esto, por favor?

—¡Escucha! A un hombre lo asaltan, lo golpean y lo dejan moribundo en mitad del camino.
Pasa un religioso y al verlo duda por temor a ser asaltado, da un rodeo y echa a correr.
Pasa un funcionario público, a este le parece que de esto no puede sacar beneficio; da otro rodeo y se aleja dando pasos agigantados.
Pasa un noble en un brioso caballo, y lo ve como una oportunidad para divertirse, lo salta y se aleja al galope.
Su indiferencia no los hace culpables de algo, solo prueba que nadie está obligado, que lo que sucede es responsabilidad de cada quien.

Pero pasa un hombre de Samaria, lo ve, reconoce su estado y aunque nada lo obliga, baja del caballo y se ocupa de él; limpia las heridas con aceite y vino, las venda, lo lleva a una posada y le da tres monedas al posadero a quien le pide que lo cuide hasta su regreso.

—Ahora dime, ¿a cuál de ellos se le reconoce Amor?
—Tal vez al samaritano, en todos sus detalles.
—¡Ahora ya sabes algo del Amor y cómo generarlo!

199. EL RELIGIOSO Y EL COBRADOR

Dos personas oran en el templo, uno es un religioso y el otro es un cobrador de impuestos.

El religioso, de pie delante de todos, ora en voz alta: —Oooh, Dios, te doy gracias porque no soy como los demás: ladrón, corrupto, agresivo, arrogante, tacaño, adúltero ni embustero, ayuno dos veces por semana y te doy la décima parte de todo lo que gano.

A cierta distancia, en la sombra, el cobrador de impuestos ora, pero ni siquiera se atreve a levantar los ojos al cielo, sino que se golpea el pecho diciendo: —¡Oh, Amor infinito, yo que le quito a los pobres para darles a los opulentos, ¡ten compasión de mí!

Les digo que este cobrador de impuestos regresó conciliado a casa, lleno de Amor; en cambio, el religioso no, este llegó lleno de ego, ufanándose de su arrogancia.

200. LA MISIÓN

Al ver la gente que lo sigue, dice:
–Ciertamente la cosecha es mucha y los obreros, pocos; entonces organiza a algunos discípulos de a dos y los envía a los pueblos y lugares donde no alcanzan a ir todos juntos.

Les da autoridad sobre la ilusión del bien y el mal, y les dice que los envía como palomas entre lobos a saciar a los sedientos de Amor, a llenar a los hambrientos de Verdad y a enseñar a los ociosos, odiosos y aburridos a generar Amor.

No lleven algo que puedan perder o les estorbe; a donde lleguen reciban lo que les ofrezcan y no cambien de lugar de descanso; si no los reciben en alguna casa o poblado,
sacudan el polvo de sus pies, diciendo:
"Solo en la cercanía al Amor serán libres"; con eso basta, no se trata de imponer ni exigir, sino de amar lo que hacen.
Y después que yo me vaya, mis discípulos hombres y mujeres harán lo mismo por el mundo.

Cuando los persigan por decir la verdad, no se avergüencen por reconocer lo cerca que están del Amor, dejen que fluya y hablen en nombre del Amor Primogénito; a mí no me nombren.

Que unos crean una cosa y otros, otra, no cambia la realidad; las cosas son iguales aquí como en cualquier parte del universo.

201. LAS RIQUEZAS DEL CIELO

Para merecer los tesoros del cielo, suelten todo lo que tienen agarrado a dos manos que los ancla a la tierra.
De todas formas, nada se podrán llevar; solo suéltense, permitan que el orden se imponga y quedarán libres para ir al cielo por las riquezas sin fin, donde la polilla no carcome, el óxido no corroe, ni los ladrones entran a robar, ni hay tramposos que engañen ni corruptos que sobornen.

Y si haciendo lo que les gusta, hay algo que alguien puede hacer en su lugar, deléguenlo, para no morir en vida, hasta encontrar lo que por gusto nadie puede hacer por ustedes, como algo tan sencillo como sentarse a contemplar un atardecer inhalando vida y exhalando Amor.

Acumulen sus riquezas en la cercanía al Amor; porque donde estén sus riquezas, allí está su corazón.

202. EL NUEVO RICO

A muchas personas cuando la fortuna material les sonríe, en lugar de acercarlos los aleja del Amor y la felicidad, como le pasó a este hombre cuya tierra dio una gran cosecha.

El ahora rico decreta: lo que haré es construir graneros más grandes y guardaré allí mi cosecha, con esto ya tengo todo lo que necesito muy guardado y asegurado; entonces, descansa, viste, compra, come, bebe y goza.

Tanta presunción lo aleja de su vocación, del sentido común, se torna avaro, prepotente y desconfiado; cree que tener es hacer algo y que puede comprarlo todo; pero lo único que hace es alejarse del Amor, con lo que asegura tres cosas: soledad, tristeza y oscuridad.

¿¡A la Cúpula del Cielo qué le importa
cuántas riquezas tienen acumuladas!?

Lo que al Cielo le interesa es que todo lo que existe, por más guardado que esté, genere mucho Amor en muchos corazones.

203. TESOROS ESCONDIDOS

–Un tesoro es como un hijo, padre de familia, maestro y amigo, que de lo que tiene saca cosas nuevas y cosas viejas.

–Un tesoro es ver a los niños jugar, correr perseguirse, bailar, reír, cantar al son de la flauta y apurarse al llamado del Amor de mamá.

–Un tesoro es igual a la luz de una lámpara que ilumina
a todos los que se acercan.

–Un tesoro es recibir una palabra de Amor
que perdona toda una vida de dolor.

–Un tesoro es aprender a expresar la emoción
más difícil de la manera más cercana al Amor.

–Un tesoro es un amigo con quien se comparte una afición.

–Un tesoro es la dicha que se repite con el recuerdo,
cuídense de contarla.

–Un tesoro es escuchar a quien su voz es Amor
y todo lo que sale de su boca.

–Un tesoro es saber lo que quieren y ser libres para hacerlo. Y haciendo lo que nadie puede hacer por usted, hacerse parte activa de algo real, más allá de la materia.

–El tesoro del universo es el Amor *único* generado por cada uno.
  –Es vivir en el Espíritu de la Verdad.
  –Es inhalar vida y exhalar Amor.
  –Es poder decir "te amo".

Con que disfruten cinco de estos tesoros, sabe que es la felicidad.

204. LA GUARDIA

A las afueras del templo ve a una mujer cercana al Amor cuyo trabajo la ha encorvado y sus patrones la han abandonado; y a sabiendas de lo que quiere, se acerca y le dice:

—Mujer —mientras impone sus manos sobre ella—, eres libre de tus agobios.

Al momento la mujer se endereza y reconoce a gritos el Amor recibido.

Del templo salen los sacerdotes furiosos, sin saber cómo callarla.

Los jerarcas, al ver lo que está pasando, mandan a la guardia del templo a apresarlo.

La guardia va, pero no puede echarle mano porque aún no ha llegado su hora.

Cuando la guardia regresa, le preguntan:

—¿¡¡Por qué no lo han traído!!?

Y ellos responden:

—*¡Nunca nadie ha hablado así, ni nadie nos ha tratado con tanto Amor como él!*

205. DISFRUTAR GENERAR AMOR

El universo es el resultado de la suma de todo el Amor generado, así el Amor se hizo eterno con infinitas posibilidades de disfrutarlo.

Generar Amor le da sentido a la vida, la ordena en un equilibrio fácil de entender, especialmente cuando los acecha la ilusión del bien y del mal, los temores, los secretos y los apegos.

El Amor generado y la dicha vivida nunca se destruye, no se desvanece ni se deteriora, sigue viva en ustedes por la eternidad.

Por eso no tengan miedo de soltarse y dar todo el Amor que puedan ni de vivir toda la dicha posible, porque el Amor es infinito y también son infinitos los motivos para generarlo.

Se generar Amor cuando desarrollan los sentidos y leen la Letra Viva, cuando disfrutan y comparten la naturaleza con los demás seres vivos. cuando llevan al cuerpo al éxtasis de la existencia.

Estar vivo ahora no es casual, es el triunfo de haber disfrutado ayer las emociones cercanas al Amor.

Se genera Amor cuando disfrutan como perfecto lo que tienen, lo que se va y lo que llega, es de sabios aceptarlo y vivirlo da madurez.

¿Qué cuesta disfrutar la vida si generar Amor es infinito?
Igual de fácil como surgen las palabras, surge el Amor.

Todo el Amor que generen cumple con su misión: dar la continuidad a la vida y ser la estructura de la grandeza del universo.

Disfrutar es aquietarse y escuchar las historias
que su mente tiene para contar.

Es vivir sin miedo para caminar en la luz.
El que camina en la luz nunca tropieza.

Es entender el espacio que ocupan
y la luz que los rodea en la cercanía al Amor.

Disfrutar la vida es igual como cuando un niño feliz pide:
"otra vez, otra vez, otra vez...", sin agotarse, emocionado, sin parar.

Así el Amor Primogénito ha diseñado el universo entero
para sus hijos, para que no paren de disfrutar.

¿Para qué más lo haría?

De sus recuerdos liberen el dolor y guarden los generadores de
Amor y dicha, los que nadie les podrá quitar.

Ustedes pertenecen al universo y por pequeños que se vean, su capacidad generadora de Amor es grande, tanta que pueden llegar a los confines de la creación y crear nuevos universos.

206. NO SE UFANEN

No se ufanen, sean gratos y cercanos al Amor.

Los discípulos, al reencontrarse muy ufanos, cuentan: —Señor, sanamos a muchos, enseñamos y celebramos.
Señor, ¡hasta los demonios obedecieron en nombre del Amor!
—En broma, les responde: ¡sí! si yo los veía caer como plastas...
pero les dice:

El poder recibido les fue dado para destruir toda alimaña ponzoñosa y sin memoria afectiva sin sufrir rasguño, para que la libertad y el Amor reinen; pero no se alegren por el dolor ajeno ni se ufanen por nada, alégrense por el Amor generado
y porque en el cielo su nombre ya está escrito.

Quienes entiendan el mensaje, crean y lo pongan en práctica son la esperanza para la vida; y quien se declare abiertamente a favor del Amor, sin importar sexo, raza o edad, es reconocido y recibido con su nombre esculpido en la Cúpula del Cielo.

—Maestro, hemos visto a uno hablar y sanar en tu nombre, pero no es de los nuestros.

—No se lo prohíban porque:

El que está a favor del Amor no está en contra de nosotros.

CAPÍTULO 16
EL AMOR ES INFINITO

*No teman dar todo el Amor que puedan
ni teman llegar a sentir dolor por amar,
porque nunca pierden ni el Amor se acaba.*

El Amor es infinito.

El ser humano es un generador de Amor sin fin.

*No teman equivocarse, ese es uno de los privilegios del Amor,
que lo perdona todo; entonces cualquier experiencia
cercana al Amor es ganancia.*

*Otro de los privilegios del Amor
es que tienen libertad para volver a empezar.*

*Todos son hijos de todos
cuando lo único que importa es generar Amor.*

*En un cultivo de cien mil flores no habrá dos iguales,
porque el Amor es infinito.*

INHALAR VIDA, PROFUNDO EXHALAR AMOR POR LA ETERNIDAD

*No se guíen por las reglas, guíense por el Amor único
que hay en cada uno de ustedes,
que siempre los moverá a ser mejores.*

207. EL AMOR ES INFINITO

Infinito es desmaterializarse y materializarse, vivir donde quieran, cuando y como quieran, cuantas veces quieran, sin preocuparse por un final.
No tengan miedo de perder la libertad por dar Amor, porque en el Amor no hay límites; entonces:
¿Para qué manipular la vida con ilusiones?
¿Para qué limitarla con temores?
¿Para qué engancharse con algo, si lo tienen todo?

La espontaneidad y el Amor único de cada uno es lo que atrae a unas personas de otras, esperando hallar mutua admiración, armonía y confianza, lo que rompe las barreras de lo estático y unidos lograrán compartir las emociones del corazón; no hay equivocación posible y unidos comprobarán que el Amor es infinito.

Las personas deciden en qué creer y creen en muchas cosas antes de saber lo que quieren; pero cuando lo descubren se hacen infinitos y como yacimientos de prosperidad, los oiremos decir:

te amo... te amo... te amo...

208. EL PODER ES INFINITO

Llama los discípulos y les dice:

–Vean la cantidad de gente que nos sigue, llevan varios días con nosotros, el camino es largo y ya no tienen nada qué comer.

–Sí, y este lugar parece muy solitario, ya es hora que se vayan.

–Hay niños y si se van en ayunas, pueden desfallecer.

–¿Y cómo le daremos de comer a tanta gente en este lugar desolado?

Y se ponen a discutir; unos dicen:

–¿Acaso no recuerdan cuando les dimos de comer a más de mil personas con pocos panes?
A otros les parece imposible repetir el milagro.

Entonces los tranquiliza y les dice:

–¿Cuántos panes tienen?...

El Poder del Verbo Amor es infinito...

Y comen y beben hasta quedar satisfechos;
y sobra hasta para llevar a sus casas.

209. TRANSFIGURACIÓN

Pide a tres de sus discípulos que lo acompañen a orar a un monte, en eso cambia de aspecto y brilla como la luz imposible de ver; aparecen dos seres rodeados con el mismo resplandor glorioso y se unen a él, formando un volumen de energía incandescente.

Los discípulos no paran de disfrutar su resplandor y los escuchan pero no entienden, y cuando se disponen a alejarse, comentan entre ellos qué hacer para que no se vayan.

En ese momento una nube los envuelve en su luz y se oye una voz que les hace vibrar hasta la médula que les dice en el tono más amable pero contundente:

—¡¡¡*Este es nuestro mi hijo Amado, escúchenlo*!!!

Al oír esta voz, caen al suelo invadidos por un indescriptible sentimiento de Amor y respeto, en un éxtasis sin fin.

Él se acerca, toca sus cabezas y les dice:
—*Levántense*.

Entonces ya lo ven en su atuendo habitual, y les pide que tengan prudencia con lo que van a contar
porque ahora no es el momento para que alguien les crea.

210. ¡OH, GENTE PERVERSA!

Bajando del monte encuentran a los otros discípulos rodeados por una multitud que discute; un jerarca se acerca y cayendo de rodillas a sus pies, le dice: —Señor, ten compasión, mi hijo es epiléptico, lo he traído a tus discípulos, pero no lo han podido sanar.

Y él, en tono burlón, dice:

—¡Oh, gente infiel! ¡Traigan al joven!

—Señor, ese espíritu lo ha arrojado al fuego y al agua, para matarlo. Así que, si puedes, ayúdanos.
—¿Cómo que si puedes? ¡Para el que cree y sabe lo que quiere, todo es posible!
—Yo creo.
—Entonces que se haga como has creído.

Al instante el muchacho da un grito y cae como muerto; pero los discípulos lo ayudan a ponerse de pie y abraza al padre; agradecidos los dos le reconocen al Señor su Amor.

211. QUEREMOS MÁS FE

Los discípulos le preguntan:
—¿Por qué cuando visitamos los pueblos los enfermos sanaron y ahora no pudimos con este muchacho?

– Cuando su fe en el Amor sea sólida como el hilo de una telaraña, dirán a ese monte "quítate" y el monte se moverá.
Todo les será posible.

– Entonces, ¡danos más fe! ¡queremos más fe!

–La fe se consigue viviendo el desapego; hasta ponerse al nivel de su Amor Superior y se comporten a su imagen y semejanza.

Esa conexión se debilita o se fortalece; y eso ni se da ni se compra.

En los pueblos se comportaron sin rivalidad, afán, culpa, orgullo, temor, duda y sin pensar en los resultados, permitieron que el Amor fluyera logrando el beneficio de todos; pero como ahora compiten unos con otros para ver quién es el mejor, la arrogancia, la vanidad y la vergüenza les debilita la fe, por lo que les cuesta centrarse con humildad y claridad en la conexión con su Amor Superior.

La fe no es para hacer algo,
sino para que suceda.

Y para esto no pueden dar cabida a la duda, a la culpa, a la mentira, a la razón, al bien o al mal.

212. FE EN EL AMOR

La voluntad es al cuerpo,
como la fe al Amor.

¿Vale la pena romper la conexión con el Amor
por el capricho de tener?
Si aún no lo tienen es porque no les hace falta, y si lo han de tener
les llegará en el momento justo,
sin necesidad de forzar algo ni dañar a alguien.
Y tendrán que empezar cuantas veces sea necesario, hasta aprender
a fortalecer la fe sin apegarse a algo; el apego a algo los hace dudar
en algún momento de sus vidas.

La certeza de lo que quieren da fe, sin apegarse a nada.

Ayuda al desapego aceptar que lo que tienen es lo que pidieron y es perfecto; que por más que se suelten no lo perderán; y que por más que se muevan no dejan de estar donde quieren.
No tendrán nada que no hayan pedido
y si lo quieren tendrán que pagar, sin alejarse del Amor

La fe no es dar el poder a alguien o a algo fuera de ustedes para que hagan lo que ustedes quieren, ni es un decreto; la fe es la certeza que el Amor único en cada uno sabe lo que quiere para que suceda.

Lo que necesitan es generar mucho Amor.

Cuando oyen decir:
Que se haga como han creído, que toda enfermedad es para que en ella se demuestre el Poder del Verbo Amor; lo que sucede es que el Amor Superior enfoca el Amor acumulado por ustedes
para activar lo que quieren.

16. EL AMOR ES INFINITO

Cuando dicen:
—*Tengo fe en esa persona*, es que creen en ella
por el Amor que genera.

—*Gracias a Dios*, con esto están reconociendo un acto de Amor.

Pero cuando evocan a Dios diciendo: —*Si Dios quiere, confiando en Dios o como Dios quiera...*
¿Qué puede suceder, nada, por más fe que le pongan?

Porque si están evocando al Amor Primogénito, ya saben que Él no hace nada por nadie más que dar vida y el Hijo Amado no hace más que dar aliento de vida; de ustedes depende y solo de ustedes que todo lo demás suceda; y es así como han ocurrido muchas cosas lejanas y cercanas al Amor.

Y como es fácil caer en la rutina donde la fe ha triunfado por disciplina paren y pregúntense:

¿Por qué y para qué estoy haciendo lo que hago?

Lo más sublime que pueden hacer con su vida dedicarla a *Exhalar Amor*, y habrán dado al planeta más de lo que le pueden quitar. Se siente como si eso los llevara a vivir en la monotonía, pero no, las emociones fluyen y cumplen con lo suyo, si lo que hacen los hace felices, dichosos y satisfechos.

—Cuando alteran el equilibrio natural, agreden a los que tienen fe que el Amor triunfará.

Esto sucede porque el ego maneja la voluntad como si fuera fe y de forma caprichosa logra cosas monumentales; pero al final solo cosas con las que se lucran mientras consumen el planeta, y es tal su poder, que hacen creer a todos que alejarse del Amor es válido.

Los logros del ego cansan; por eso no paran de innovar ni de destruir. Así la fe en el Amor se convierte en algo exótico, las emociones en algo de mal gusto y van olvidando que es la dicha de ser felices.

La fe es cosa de cada quien, ya que nadie está obligado con nadie ni con nada y si destruyen el planeta, no hay por qué alterarse son cosas que suceden en el universo y no afecta el espíritu, los cercanos al Amor lo saben e irán a disfrutar la vida y a generar Amor a alguna otra parte del universo.

213. ¿QUIÉN ES MÁS IMPORTANTE?

Pregunta a los tres que lo acompañaron al monte que por qué discuten; se quedan callados porque quieren saber cuál de ellos es el mejor.

Los llama a todos y les dice:
—No se alejen del Amor que les da paz ni quieran parecerse a los del mundo, porque esta gente perdió la fe; los líderes dejaron de creer en el Amor, gobiernan con tiranía y enceguecidos por la ilusión, llenan sus arcas con injusticias, manipulan a los demás y subyugan a los dependientes, son cobardes para detener la farsa y se hacen pasar por empresarios, patrones e ídolos, —la historia se repite, pero esta vez por el poder alcanzado opuesto al Amor, el final puede ser fatal—. Esas son cosas de este mundo y muchos las apoyan y las persiguen; pero para ustedes es al contrario, el más importante entre ustedes es el más sencillo, porque el más sencillo es el que más ama.

Ningún señor, líder o Mesías es mejor que su sirviente,
y ningún sirviente es más que ellos.

—Miren esos niños, miren sus emociones que reflejan eternidad y sinceridad, son de verdad espontáneos,
sin el temor a ser aprobados ni juzgados; aprendan de ellos.

214. ELECCIÓN Y SELECCIÓN

El Amor no permite nada que no genere Amor, pero hay culturas que no escuchan la Letra Viva y reprimen tanto a la mujer y al hombre que los obligan a casarse con quien no quieren, solo por dar gusto a lo que les conviene; por eso muchas personas buscan otros caminos para complacer su libido, maneras heredadas por generaciones. Es tal la tristeza y la confusión que se dejan programar por el ego con la riqueza, el poder y la vanidad, siguiendo a ídolos que consumen sus vocaciones y cuando se les olvida lo que quieren, caen muy lejos del Amor.
Son sociedades completas reprimidas y manipuladas en sus emociones más profundas, donde ni mujeres ni hombres quedan satisfechos; lo que es motivo de riñas,
frustración y odio intrafamiliar.

El Amor es la esencia de todo y permite a la naturaleza ejercer su poder y no se opone a la libido de un ego reprimido, con la esperanza que encuentren la libertad.

Si solo entendieran por un segundo que el Amor es infinito y la naturaleza sabe todo lo que pidieron desde antes de nacer, no se preocuparían y se soltarían a disfrutar la vida; quienes lo hacen se encuentran y evolucionan, sin temor a equivocarse.
Ellos son la esperanza de la Humanidad.

215. SÁLVENSE A SÍ MISMOS

Alguien entre la gente pide a gritos: —Maestro:
¡dile a mi hermano que reparta la herencia!
—¿Acaso quién me ha nombrado como juez o partidor?
¡dile a mi hijo que no me deje solo!
—¿Acaso a quién oyeron decir que he venido de mediador?
¡ayúdanos con estos bandoleros!
—¿Acaso creen que he venido a traer paz al mundo?
¿Entonces por qué nos sanas y nos salvas?
—¿Acaso no saben que yo solo doy aliento de vida?
Son ustedes los que hacen que lo demás suceda.

Cada quien sabe cómo salvarse y sanarse a sí mismo.

—Pero como no creen y ponen como disculpa a la familia, los temores, el no puedo, no tengo tiempo; verán pasar la vida ahogados en ilusiones y desilusiones. Así que:

— Quien defienda a su padre o a su madre más que al Amor
es indigno de mí.

— Quien defienda a su hijo o a su hija más que al Amor
es indigno de la verdad.

— Quien defienda el dinero y los bienes más que al Amor
es indigno de vivir.

— Pero quien ame su vocación como su cruz y al Amor con la vida
es digno del Espíritu de la Verdad.

Y si por falta de Amor desprecian o ignoran a alguno de los que los aman o les sirven, tampoco merece ser de los míos.

Quien supere el bien y del mal y defienda la vida cercana al Amor, su oración superará la muerte.

Le informan que sus hermanos y hermanas vienen a buscarlo, pero no pueden pasar por la cantidad de gente.

–Déjenlos, ellos ya tienen sus enseñanzas; mis hermanos y mis hermanas son ustedes a mi alrededor.

Para quienes conocen el Amor,
¡que difícil es renunciar a él!

216. MUCHOS FUERON LLAMADOS

Un padre celebra la llegada de su hijo y espera generar mucho Amor. Entonces envía a sus criados recordar aquel día a los invitados y como estos no los reciben, envía otra cuadrilla para recordarles que todo está para celebrar.
A estos tampoco les hacen caso; unos se van a sus tierras; otros, a sus negocios y otros, los más reprimidos y rencorosos, los golpean.

El anfitrión, lleno de tristeza, pero cercano al Amor, dice:
—Todo está preparado, pero aquellos invitados no merecieron venir; vayan por los caminos y veredas
y a todos los que vean invítenlos a compartir.

En la entrada dos ángeles que conocen los corazones no les permiten el paso a los alejados del Amor.
—¿Entonces por qué nos invitan?
—Porque el camino es la oportunidad para acercarse al Amor y no lo aprovecharon.

Cuando el anfitrión entra queda extasiado al ver saturado el recinto de alegría, de gente amiga y enemiga compartiendo. En eso ve a unos que no festejan, se acerca y pide a los encargados que los presenten y les hagan saber el respeto que merecen
por ser cercanos al Amor.

Todos los que pasan se regocijarán al ver que todavía hay mucho Amor en el Planeta.

CAPÍTULO 17
TODO ESTÁ DADO

Es cuestión de vida o muerte,
donde el único triunfador es el Poder Amor.

Y Aunque otros se crean triunfadores
por tener todo lo del mundo controlado.
¿Cuándo se aburran qué harán?

No hay nada qué negociar; todo lo hecho o por hacer,
creado o por crear, ya está dado.

Solo falta conocer cómo lo harán si cerca o lejos del Amor,
expresando el Amor único que cada uno
o se dejan guiar por el ego.

No hago nada por mi propia cuenta que no sea generar Amor.

INHALAR VIDA PROFUNDO 3 Veces
EXHALAR AMOR SUAVE

217. TODO ESTA DICHO

Al hacerse echar de su propia religión, lo que busca es liberar el
mensaje de las tradiciones caducas de su pueblo
y de cualquier vicio o interés mundano.

Al entregar el cuerpo para la crucifixión, lo que busca es demostrar
que sí es posible no solo liberar el Espíritu de la materia,
sino tener el poder para tomar el control sobre ella.

Al enseñar a respirar, lo que hace es prepararlos
para enfrentar este reto.

*Así el mensaje de Amor nace libre, revela una nueva forma de
pensar y abre paso al siguiente nivel de conciencia.*

Ya son libres, no hay disculpa, todo está dicho. No más milagros ni
prédicas, el pecado está abolido.
No más dudas ni temores, el Amor es abundancia,
no condena y lo perdona todo.
No más teorías para leer entre líneas, si todo está dicho; solo falta
conocer el Amor del que son capaces.

El universo sigue su curso y vivirán por siempre
cuando inhalen vida y exhalen *te amo.*

No hay nada que no se haya dicho ni existe otro camino
para acercarse al Amor.

218. FUEGO DEL CIELO

Por el camino les dice que todo está listo para volver al cielo, pero antes de ir lo verán y después lo seguirán. Por el camino se toma unos días para visitar la tierra en donde vivió en exilio; a su regreso le preguntan:

—¿Si te vas, cómo hacemos para seguirte?

—*Te amo* es el camino, solo acercándose al Amor se puede llegar al Amor.

—Señor, entonces déjanos ver el Amor.

—¡Por qué lo preguntan ahora! ¡Ya preparo mi viaje de regreso! ¡¡¿y todavía no entienden?!!
¡El Amor está donde hay vida!
¡Si ustedes viven, ya tienen Amor!
¡Crean en él como la esencia que los acompaña, con el que comparten la felicidad y el que los anima en el camino!
Solo deben seguirlo y al cielo llagarán; y aunque sientan vergüenza del Amor que los habita, no crean que él los abandonará; pero sí depende de ustedes, si se alejan de él.

Por el camino buscan alojamiento en una aldea; pero como allí no los quieren recibir, uno de ellos le pide: —Señor, manda que baje fuego del cielo y acabe con esa gente.

—¡No seas ocioso! no nos hacen ningún daño y tampoco están obligados, igual podemos dormir a la intemperie; pero si quieren dormir bajo techo, busquen otra aldea.

219. PURIFICA EL TEMPLO

El día de oración entra en el templo; al verlo invadido de comerciantes con sus mesas repletas de fetiches para vender y animales para sacrificar, y mientras los discípulos voltean sus mesas y los echan a empujones, proclama:

Los templos son sitios de oración y reflexión, no de adoración; no los conviertan en cueva de ladrones ni santuario de supersticiones.

Las autoridades salen y le reclaman:
—¿Con qué autoridad haces esto?

— Yo no dependo de la autoridad, ni de la justicia humana, ni de los honores que no vengan del Amor.
Mis actos prueban mi autoridad.

¿Pero cómo pueden entender esto, si solo reciben honores unos de otros y no valoran lo que se les ofrece de la mano del Amor?

El Amor que es Dios los 'honra' con la eternidad. Y los 'reconoce' por el Amor generado.

Ora, purifica el templo, se acercan los enfermos
y sanan los que quieren.

220. DENUNCIA PÚBLICA

En el templo se encuentra en medio de una discusión entre los que quieren los puestos principales; entonces les dice:

—De ustedes se espera lo mejor, ¿pero qué pueden dar, si están vacíos de Amor?

Los sacerdotes interpretan la Ley; los doctores hacen cálculos; los jueces imparten justicia; la milicia los defiende. Por tanto, obedézcanles, pero no sigan su ejemplo; dicen una cosa y hacen otra, crean leyes estrictas, pero para los demás, cuelan el mosquito y tragan el camello.

Les gusta lucirse pomposos, quieren asientos de honor, callar a los demás y ser saludados como dioses; se ven decentes y limpios por fuera, pero por dentro se pudren en la hipocresía y la inmundicia.

¡Limpien el vaso por dentro y quedará limpio por fuera! Y con el pretexto de ayudar, devoran las casas de las viudas y de los ancianos, y celebran murmurando.

¡Guías perversos! satisfechos de nada, recorren el mundo entero para ganar adeptos y hacen de ellos seres dos veces más merecedoras de la oscuridad.
¿Quién de ustedes responde por la miseria, el dolor y muerte de tantos inocentes?

Decreten o no, todo lo que tiene que suceder ya está dado; pero si decretan pueden participar del triunfo.

221. GUÍAS PERVERSOS

¡Ustedes, guías nefastos y perversos!
Su gran sabiduría es la de arruinar al doliente y cerrar la puerta al creyente, esconden la verdad hasta de ustedes mismos, en ilusa carrera por el control de todo.

Ahora todos se hacen los inocentes, pues no hay quién los condene; pero no se alegren ni celebren, porque son muchos los que piden la destrucción de los alejados del Amor y en el cielo, donde conocen sus corazones, también quieren lo mismo.

Ustedes ya tuvieron sus alegrías, pero
¡ay de los que ahora se burlan y conspiran!
porque de todas formas ya tienen ganada la oscuridad y la tristeza.

Sin embargo, les digo: escuchen el llamado del Amor para hacer lo correcto, nunca es tarde para el que quiere salir del lado oscuro.

El Amor lo perdona todo cuando se acercan a él; ustedes deciden.

222. FIRMES ANTE EL FIN

Salen del templo y les dice:
—¿Ven esas piedras que esclavizan el Espíritu? Vienen días en que no quedará piedra sobre piedra; y como toda ruina de adoración, es la advertencia para las generaciones futuras que vengan a visitarlas, que vienen días peores para los esclavos de la ilusión.

—Dinos, ¿cuándo ocurrirán esas cosas?

—¡Cuidado! el que no se guarnece en el Amor, será arrasado por el pesimismo y la depresión; oirán de sequías, inundaciones, terremotos, rumores de caos, epidemias, encierro, dolor y destrucción; la prueba es posible que ya la estén viviendo, pero no supongan, solo observen lo que toca su realidad, ni se dejen enceguecer por las supersticiones; no tienen que tomar ninguna decisión porque todo ya está dado para acabar con ellos. Solo mantengan la fe cerca al Amor, con *te amo...*
hasta el fin; suelten todo lo que no genere Amor y no cierren los ojos ni se tapen los oídos; ni cierren sus corazones, ni dejen de respirar por un instante, cuando:

El relámpago que lo anuncia de occidente a oriente, no los estremezca alejados del Amor.

Todos los pueblos verán al Amor manifestarse y llorarán de alegría y tendrán motivo para celebrar; aun sin haber oído su última palabra.

223. JUDAS Y LOS POBRES

En la tarde regresan a casa de sus amigos; María trae trescientos gramos de perfume de nardo rico en aroma, con el que unge por largo rato la cabeza de su Maestro; perfuma sus pies y los seca con sus cabellos; así la casa se impregna de este aroma que alegra a todos. Judas encargado del dinero, protesta diciendo: –¿Por qué no se ha vendido este fino perfume para ayudar a los pobres?

–¡¡Déjala!! porque a los pobres siempre los tendrán; en cambio, ella les avisa que me tendrán por poco tiempo.
Pero si quieres algo más valioso que todo el oro,
te queda el mensaje sembrado en tu corazón.

A los pobres siempre los tendrán y si se acaban, será porque no todos están donde quieren, pues muchos vienen a disfrutar la austeridad, y es así como reconocen su propia prosperidad; entonces no los discriminen haciéndolos creer que por tener más fe y menos dinero, son menos que los demás.

La austeridad es diferente a la pobreza de los que no saben lo que quieren. Estos lo que sí quieren es que les quiten a los demás para dárselo a ellos sin haber trabajado. Si por lo menos oraran generando Amor, se justificaría el pago;
pero lo único que hacen es protestar.

224. LA HIGUERA

Al otro día, de camino a la ciudad, se antoja de algo para comer; ve una higuera, se acerca, pero como no encuentra más que hojas, le dice: –¡Dame un fruto! ¡Dame otro! Al instante la higuera reacciona y obedece; luego le pide otro y otro, y hay para todos.

Al ver esto, todos asombrados preguntan:
–¿Cómo es que la higuera te obedece al instante?

–Les aseguro que, si se acercan a ella con fe en el Verbo Amor, no solo esta planta reaccionará al instante
sino toda la galaxia obedecerá.

Pidan, pero no bastará que repitan y repitan, porque si lo que piden es lo mismo que quieren en el cielo,
con una sola vez que lo pidan con Amor bastará.

Todo lo que existe y sobrevive, desde la partícula más pequeña a la más grande, es una extensión del Amor y solo responde a él; lo demás es la otra opción, la vulgar y destructiva, sin memoria afectiva, por lo que poco a poco desaparece.

225. UNA SEÑAL MILAGROSA

En la ciudad los jerarcas le reclaman:
—¡¡Haz una señal milagrosa delante de nosotros que pruebe que de verdad vienes de parte de Dios!!

—¡Ah, gente infiel! Esta gente perversa, que ni sabe pedir ni sabe quién es Dios, exige una señal; pero no se les dará más señal que la resurrección del hijo; será señal para la gente de ahora y todos los tiempos venideros.

Destruyan este templo y lo reconstruiré en tres días.

Si en tierra de los paganos se hubieran hecho los milagros que he hecho entre ustedes, ellos ya abrían superado los temores y estarían celebrando la libertad, disfrutando la vida, dando felices parte al Amor Primogénito.

226. ALABANZAS Y AUTORIDAD

Aquella mañana en el templo los bebés de pecho lloran, los niños corren y gritan, los jóvenes cantan, los mayores oran y los viejos celebran.

Los sacerdotes, descompuestos, se acercan y le dicen:
—¿No oyes todo este desorden?

—¿Pero acaso no saben que con el llanto de los bebés, la alegría de los niños, el canto de los jóvenes, la fe de los mayores y el disfrute de los viejos, el Amor Primogénito celebra mi alabanza?

Los jerarcas, los sacerdotes y los dueños de los puestos destruidos se acercan, y en gavilla le preguntan que con qué autoridad hace estas cosas, él no les responde y piensa en voz alta:

—*¿Quién ha creído en el mensaje?*
¿A quién ha revelado el Amor su Poder?

Porque estos guías ni entienden ni dan el brazo a torcer hacia el Amor, la verdad y la libertad.

227. EL MUCHACHO QUE NACIÓ CIEGO

En la ciudad, al ver a un ciego de nacimiento, le preguntan: – Maestro, ¿por qué nació ciego este hombre? ¿Por el pecado de sus padres o por su propio pecado?

–¡*Ya se lo he explicado! ni por su propio pecado ni por el de sus padres; se da a quien lo pide por alguna razón; recuerden: el Amor no permite nada que no genere Amor, lo que los hace perfectos. Las dolencias que no pidieron son para que en ellas se revele el Poder del Verbo Amor.*

Llama al ciego y a sabiendas de lo que quiere, hace lodo con su saliva, lo pone en sus ojos e impone sus manos y le dice: ve y lávate. Él va y mientras regresa, ve y entiende todo.

Los que lo conocen se preguntan: ¿este es el que era ciego? –Sí, soy yo, responde–, ¿cómo es que ahora ve? Entonces lo llevan ante las autoridades y allí lo interrogan:

–¿Cómo es que ahora puedes ver?
–El que llaman Mesías me dijo ve y…
–¿Dónde está ese hombre? Porque el que hizo esto no respeta la voluntad de Dios.
–¿Pero cómo alguien, siendo pecador, puede hacer esta señal milagrosa?
Divididas las autoridades le preguntan otra vez: –Puesto que te ha dado la vista, ¿tú qué dices?
–Él sabía lo que yo quería; por eso creo que él es el Mesías.

No satisfechos, llaman a los padres y les preguntan: ¿Este es su hijo que nació ciego? ¿cómo es que ahora ve?
–Sabemos que este es nuestro hijo, pero no sabemos cómo es que ahora ve; pregúntenle a él que es mayor de edad.

—Reconoce la verdad, nosotros sabemos que ese hombre
es un pecador. ¿Qué te hizo?
—Ya se lo he dicho, pero no me hacen caso. ¿Para qué quieren que
se lo repita? ¿Es que se quieren convencer y seguirlo?
—¡Tú sigue a ese hombre! Nosotros seguimos a Dios, porque de ese
ni siquiera sabemos de dónde ha salido.
—¡Qué cosa tan rara, ustedes siguen a Dios, pero no saben nada de
él! Se sabe que los milagros solo se dan en los cercanos al Amor.
Nunca se ha oído decir de alguien que le dé vista
a un ciego de nacimiento.
—¿Tú, que naciste lleno de pecado, quieres darnos lecciones a
nosotros? Lo golpean, lo insultan
y es expulsado de su congregación.

Luego, caminando por la ciudad se encuentra
con aquel que era ciego y le pregunta:
—¿Crees y disfrutas lo que ves?
—¡Señor! Creo y disfruto tu presencia; lo besa,
lo abraza y cae de rodillas y le confiesa:
—Esto que veo es horrible.

228. LETRA VIVA

La Letra Viva es el lenguaje de lo que existe
y expresa fielmente lo que es.

Lo que es se han ido fortaleciendo y su expresión más preciada es:
te amo.

La Letra Viva no es casualidad; es una lectura viva en permanente movimiento del sitio donde están y es para que nada los sorprenda, aparte del impredecible Amor.

En la vida disfrutan a muchas experiencias y con la emoción vivida entenderán el compromiso de la naturaleza con ustedes.

De la Letra Viva como tutora aprenden armonía, prudencia, respeto, constancia, el gusto de los sentidos por la libertad, a diferenciar la verdad de la ilusión y quien con su sentido común aprende a leerla, reconocerá al Amor como fuente de todo.

–Pero si suben a un árbol y lo hacen sin conciencia, podrán poner el pie en el vacío o agarrarse de una rama frágil y cuando halen o hagan la extensión, perderán el equilibrio y caen, el golpe los sintoniza con la realidad, en compañía de dolor como advertencia que sí existe un orden.

El que no aprende con Amor, le toca con dolor.
Esto no lo hace culpable de algo, solo duele.

Lograr leer la letra viva deja la grata sensación
de haberse integrado con el todo.

La Letra Viva es el gusto de ver y vivir todo en ausencia de la culpa,
la ilusión y el temor.

La verdad refleja Amor.

¿Acaso no es Letra Viva cuando conectados a su vocación todo les llega en su momento?

Y no celebran porque no reconocen sus logros ni los de los demás, no valoran lo que tienen ni lo que hacen, por vivir de afán, con temor a ser juzgados o por creer que no se lo merecen.

¿Acaso no es la lectura más satisfactoria saber que son felices porque hacen lo que quieren, recibiendo la honra y el goce imperceptible del Amor Primogénito?

La Letra Viva es la Ley actuando a su alrededor como magia, mostrándoles el camino a la integración con el todo...
a la perfección, esto lo entienden... porque ustedes son Letra Viva.

Negar la Letra Viva es negar el Aliento de Vida y perder la oportunidad de compartir con todo el universo.

La Letra Viva dice:
—Guardo los ecos de tu risa, tus dichas y emociones que alegran el universo, para que no olvides que el Amor que das es grande, nunca muere porque es real.

CAPÍTULO 18
LETRA VIVA

El Amor generado por cada uno trasciende en el universo, se hace parte activa de su estructura y como Letra Viva en cada caso, tiene algo particular que compartir.

La naturaleza nada se guarda, todo lo expresa en todo momento porque la verdad es para todos.

Permitan que sus emociones expresen el Amor único que hay en ustedes.

INHALAR VIDA SIN DESCANSO
EXHALAR MUCHO AMOR

229 EL MANDAMIENTO

Alguien le pregunta que cuales son los nuevos mandamientos.

—Los mandamientos de la Nueva Ley se concentran en uno, el primero, el último y el único; el mandamiento es:

NO SE ALEJEN DEL AMOR

Si lo cumplen están cumpliendo con todos los mandamientos posibles que se crucen por su mente.
No hay mandamientos que orienten la conciencia humana más que este; de él emergen todos los poderes dados al ser humano; y el Amor como Ley contiene todo el orden del universo.

Todos los mandamientos dependen de este
y aparte de esto solo existe oscuridad.

Cualquier mandamiento lo que busca
es orientar los poderes y la razón a no alejarse del Amor.

Luego les dice: —y así como yo los amo, amen sus vidas y la de los demás cercanos al Amor en pensamiento, palabra y obra;
así serán mis discípulos.

230. MUERE Y RENACE

Para el último día de las celebraciones, el Hijo Amado entra a la ciudad montado en un animal de carga, para aislarse de la tierra y controlar la energía que sale de su ser; por la cantidad de gente venida de más allá de las fronteras que se avalancha sobre él para tocarlo, abrazarlo y besarlo, y por las capas y ramas que tienden en el suelo para tener algo de él. Los peregrinos cantan: *Bendito el que viene en nombre del Señor, hosanna en el Cielo*, brincan de la dicha y no paran de proclamar la gratitud y felicidad que sienten.

Los jerarcas, descompuestos, le dicen:
–¡Calla a toda esa gente...!
–Si ellos callan, las piedras cantan.

Mas tarde cuando unos extranjeros lo buscan, dice que ha llegado la hora y les asegura que:

**El que trate de salvar su vida la perderá
y el que la pierda por Amor vivirá.**

*Si una semilla no cae a tierra y muere, seguirá siendo solo un grano,
pero si cae y renace, dará abundante fruto.*

–Ahora la luz de este mundo será sepultada, pero no apagada,
para que los que han de creer den fruto
y la oscuridad nunca los pueda alcanzar.

231. LA ÚLTIMA CENA

La costumbre para este día es sacrificar un cordero y comer su carne. Son once hombres y una mujer los convidados; ya reunidos, celebra estar juntos antes de partir y anuncia que uno de ellos lo debe entregar; en eso Judas se acerca, le pregunta que si acaso será él y sale del recinto.

Luego de críticas, comentarios y risas, se despoja de la ropa exterior, toma una toalla, vierte agua en una palangana y lava los pies de cada uno, y escucha lo que tienen que decir.
Cuando llega a Pedro, este le dice:
—Si me vas a lavar, lávame todo.
—El que es cercano al Amor no necesita más que sacudir y lavar el polvo de sus pies.

Puesta la túnica y antes de cenar, les dice:

—Ustedes me dicen Maestro y Señor y si cuando los escucho quedan limpios de corazón, ustedes hagan igual: escuchen, absuelvan y concilien, así libres de toda culpa generen Amor; pero si lo dicho o hecho no tiene justificación en el Amor, aléjense, busquen a la víctima, sométanse a su dolor aun con la vida, hasta que el Amor, que lo perdona todo, los perdone.

Y si de verdad llegan a amar, abrirán su corazón y recibirán:

"El Espíritu de la Verdad"

232. LA EUCARISTÍA

Ya dispuestos a cenar.

El Cuerpo

Toma el pan, lo levanta dando parte al cielo,
lo parte y lo comparte, diciendo:

*"Coman todos de él, este es el cuerpo,
entregado por la abolición de todos los pecados".*

La Sangre

Toma el mosto, lo levanta dando parte al cielo,
lo sirve y lo comparte diciendo:

*"Beban todos de él, esta es la sangre, derramada por la libertad para el
disfrute de la vida y la generación de Amor".*

El Espíritu

Toma aire profundo, levanta los brazos dando parte al cielo
y exhala diciendo:

*"Inhalen todos de él, este es el alimento de vida dado a todos,
triunfo del Amor por la eternidad".*

—No lo olviden, este es el fin,

No se alejen del Amor

233. LA LITURGIA

Que toda conmemoración siempre los lleve a compartir el verbo:
Te amo...

Y los lleve a entender el único mandamiento
dado desde los albores de la humanidad:

No se alejen del Amor.

Conmemoren el mensaje como símbolo de *Vida, Verdad y Libertad*
para que cuando necesiten sepan dónde buscar.

Conmemoren dar parte al Amor Primogénito, cuando exhalen
te amo y celebren su bendición cuando dijo:
Yo doy la Vida, nunca la quito.

Conmemoren el reconocimiento al Amor Creador, el hijo Amado, por el planeta y todo el Amor que contiene, por el sol la luna, los astros y toda la galaxia y el haber recibido de él el aliento de vida cuando inhalen vida y exhalen *te amo.*

Celebren haber recibido el Poder del Verbo,
el Poder del Libre Albedrío, el Poder de la Emoción
y la conciencia del Amor Superior.

Celebren haberse puesto del lado del Amor.

Celebren de sus ancestros el cumplimiento de *te amo,*
porque si no, no estarían ahí; y de su sabiduría conmemoren
cuando para justificar el comportamiento de otros, dicen:

Hambre tendrían.

234. LA CASA DEL PADRE

Llegan otros discípulos y después de cantar y danzar salen de la ciudad; mientras caminan les va diciendo:

—Voy a la Casa del Padre donde los estaré esperando; pero antes de partir me verán; unos llegarán primero que otros, pero no se afanen que en la casa del Padre hay lugar para todos, porque el universo es vital, generoso e infinito.

En las afueras paran la marcha y entran a un llano conocido del camino y les dice:

—*Siento una tristeza como de muerte.*

Y les pide que esperen ahí mientras él va a orar, y se aleja como a un tiro de piedra; y como no logra conciliar sus emociones, regresa, pero los encuentra soñolientos.

(En la traducción al idioma del Amor esta revelación es la más cercana a lo real.)
Va de nuevo, respira profundo y dice:

—*Amor Primogénito, te amo; por el Poder del Verbo todo es posible, pero he de vivir esta experiencia para que ellos crean... esto es lo que pedí y es lo que ahora quiero...*

235. QUIEN LOS AMA

¿Quién puede hacer reaccionar el Amor
que no quiere germinar?
Quien te ama.

¿Y quién te ama?
¡Quien te da Amor, te habla con la verdad
y te da libertad!

No es con regalos ni halagos que liberan sus emociones; es con hechos que demuestren que están dispuestos
hasta dar la vida por lo que aman.

La prueba de la existencia de quien los ama, es cuando sintiéndose felices quieren más y más hasta la eternidad.

Para hacer reaccionar el Amor inhalen vida y exhalen *te amo* y acepten todo perfecto; pero si vuelven a caer en el bien y el mal ... vuelvan a empezar, si caen... empiecen otra vez, si vuelven a caer... vuelvan a empezar y otra vez... y otra vez y si pasado el tiempo vuelven a caer, no se sientan culpables ni defraudados y empiecen otra vez, hasta volver a nacer; de lo contrario, todo será una farsa.

Pero no olviden que hay alguien más que los ama; ¡sí! los ama porque dio su vida por su libertad y como Amor Creador,
los sigue amando.

236. EL PASTOR

Todos los que escuchan el mensaje en su corazón entran al redil; el redil los protege por siglos, pero pasado el peligro no encuentran por donde salir, hasta cuando llega el Pastor verdadero que abre las puertas con el mensaje de la Nueva Ley
y les muestra el camino a la libertad.

Ya en libertad es la voz de Amor del Pastor
que mantiene unido el rebaño.

Los que no entraron al redil por la puerta por donde entran las ovejas son los impostores, que se hicieron pasar por pastores sin saber nada de lo que es *te amo*, esperando recibir pago y muchas dádivas; pero cuando ven venir el lobo huyen
porque ninguno de ellos era el Pastor Verdadero.

Los discípulos del Pastor son los líderes que cuando ven venir el lobo no huyen, porque ellos aman la libertad
y con sus vidas abren la puerta a la eternidad y jamás perecen.

Hay otros rebaños que también reconocen su voz en sus corazones y la siguen, y habrá un solo rebaño unido por Amor.

CAPÍTULO 19
VOLUNTARIOS

Ahora mismo llegan a la tierra seres superiores
como voluntarios, para fortalecer la vida,
la verdad y la libertad de los cercanos al Amor.

Pero no olviden:
vienen a un mundo donde reina el bien y el mal;
sociedades saturadas de personas que como zombis
van tras el dinero, aferrados a cualquier palabrería y superstición
que les satisfaga su sed de tener y tener, ansiosas de poder
y reconocimiento; el temor, la mentira y la esclavitud
acecha por doquier día y noche; se oyen gritos de guerras,
conflictos, epidemias y desastres naturales;
deben ser firmes en sus principios porque no vienen a recibir,
sino a dar Amor.

Ellos son pastores de verdad que vienen a dar su vida
por la de ustedes, ayúdenlos poniendo en práctica
lo que hay en sus corazones.

INHALAR VIDA DE PIE TRES VECES
EXHALAR AMOR A CONCIENCIA

19. VOLUNTARIOS

237. LOS DEL MUNDO

El Hijo Amado busca que lo condenen a muerte para que la humanidad vea de lo que es capaz el Poder del Verbo Amor.

Está en oración cuando aparece la guardia y un tropel de los que creen que mandan en este mundo, con palos y antorchas. Judas a la cabeza, les dice: –Aquel al que bese, ese es.

Como los discípulos duermen, él sale y los enfrenta preguntando:
–¿A quién buscan?
Entonces Judas se acerca y cayendo de rodillas besa sus pies y es apresado.
Pedro despierta y esgrime una espada, pero él le dice: –¡no la uses! porque el que a hierro mata, a hierro muere.
¡Yo puedo pedir ejércitos de ángeles para acabar con ellos, pero esto es lo que pedí!
Es cuando los discípulos sin saber qué hacer se dispersan.
Es humillado cuando lo abofetean, por responder. Es interrogado, mientras Pedro niega tres veces que es su discípulo, motivo por el cual llora amargamente; porque él se lo predijo, pero no creyó ser capaz de traicionarlo.
Es condenado por su pueblo sin más pruebas que haber dicho que lo verán bajar del cielo a la derecha del Padre.
Amarrado es llevado ante el gobernador, a quien piden su muerte diciendo que él traiciona al emperador porque se hace rey.

El gobernador le dice que si escucha los gritos de muerte de la muchedumbre, pero nada responde. ¿Acaso tú eres rey?

–¿Eso lo preguntas por ti o te lo han contado?
–¡¡Porque me lo han contado!!

–Si lo fuese, tendría ejércitos, no discípulos.
Yo vine al mundo a decir la verdad.

—¿Y cual es la Verdad? ¿Y cuál la mentira?

—Tienes razón, solo existe los lejanos y los cercanos al Amor.

El gobernador, presionado por los jerarcas y la gritería de la muchedumbre se lava las manos delante de todos y lo condena a muerte.
La guardia lo viste de rey y lo corona con espino; carga su cruz, los látigos suenan y se siente un suave aroma a nardo; hace doce paradas antes de ser crucificado.

Nadie imaginó que aquel hombre era el Padre Creador de la Galaxia; así los soldados se juegan su ropa, la multitud que lo conoce no cree que aquel ser de Amor esté pasando por esa prueba, otros menean la cabeza diciendo: —Tú, que derribas templos, ¡sálvate a ti mismo! ¡baja de la cruz y te creeremos!

Uno de dos reos crucificados junto a su cruz, le pide que se acuerde de él… Él le responde:
—Hoy mismo te recibiré en el paraíso.

238. CONDENADO, MUERTO Y SEPULTADO

Un soldado perfora su costado para consumar su muerte y así poder bajar el cuerpo de la cruz; y aunque no muere, su cuerpo es reclamado por José de Arimatea, bañado en perfume por las mujeres que lo siguen; entre sollozos es ungido con aceite que lleva José y el sacerdote que lo sigue y es sepultado envuelto en sabanas nuevas y blancas, en una tumba recién cavada en la roca de propiedad de José; tienen afán, no hubo tiempo de despedidas porque ya comenzaba el día de descanso
donde no se puede salir de las casa.

Un jerarca dice al gobernador que aquel anuncio que al tercer día resucitará; por eso le pide que mande asegurar el sepulcro, no sea que roben el cuerpo y digan que resucitó.
Así la última mentira será peor que la primera.

—La guardia va, pone sellos sobre la piedra
y hace relevos hasta completar tres días.

Judas no acepta el dinero prometido por los jerarcas, respira profundo y terminada su misión se ahorca.

Los sacerdotes toman aquel dinero, manchado de sangre inocente y también respiran profundo cumplida su misión, y con aquel dinero compran un terreno que destinan como cementerio para extranjeros, al que llaman hasta el día de hoy Campo de Sangre.

239. LOS DEL CIELO

En la Cúpula del Cielo celebran su regreso, y lo aman porque, aunque es el Padre de la galaxia, nunca antes nadie ha demostrado ser tan generoso con su vida por la vida, la felicidad y la libertad de otros.

Ya saben en quién confiar y en qué creer.

Al ser crucificado, sepultado y resucitado, el mensaje se libera hasta de él mismo y el eco de sus palabras retumba por todo el planeta.
Y sabrán si triunfaron, cuando unidos en un solo rebaño saturen al planeta de conciencia de Amor y él regrese.

Juan es enviado del cielo a bautizar con agua, como símbolo del Poder del Verbo Amor.

Ahora el Hijo Amado viene a bautizar con luz, como símbolo del Espíritu de la Verdad.

*Y la Verdad los hará libres
cumpliendo así la promesa.*

CAPÍTULO 20
PODER SOBRE LA MATERIA

¡RESURRECCIÓN!
MATERIALIZACIÓN Y
DESMATERIALIZACIÓN

Amo al Amor que une los átomos de mi cuerpo.

*Esto responde, a que sí hay algo
más allá de lo mundano.*

*¿Cómo pueden explicar la desmaterialización
y la materialización del cuerpo humano?*

INHALAR VIDA TRES VECES
EXHALAR AMOR SUAVE

240. DESMATERIALIZACIÓN

El viernes su cuerpo es dejado en el sepulcro, el sábado está prohibido salir de las casas y al tercer día las mujeres regresan al sepulcro con la intención de terminar de ungir el cuerpo; van pensando en cómo quitar la roca para entrar.
Al llegar, un ser de pie sobre la roca, que brilla como un ángel, la quita rompiendo los sellos; la guardia al verlo, queda atontada.

El ángel les dice:

–No se asusten, sé a quién buscan, aunque él ya no está aquí; se ha desmaterializado, pero más tarde lo verán; acérquense y compruébenlo; ellas se acercan, ven las vendas dobladas y las sábanas muy organizadas.
–Ahora cuenten esto que han visto a los otros discípulos y desaparece; tres de ellas se van a toda prisa.

La guardia, recuperada, va a informar; pero ¿cómo explicar lo de aquel ser?

El Hijo Amado vino especialmente a enseñar que sí es posible desmaterializarse y el único camino para lograrlo es la cercanía al Amor.

241. ¡MATERIALIZACIÓN!

María se queda llorando ante el sepulcro, Jesús se materializa y cuando por fin lo reconoce, se acercan y se abrazan.

También se materializa a las tres mujeres que se alejan; ellas cuentan lo sucedido a los otros discípulos, pero esto les parece una locura, imposible que se este dando lo que parecía algo imposible de creer.
Camina con dos discípulos, comparte el pan y desaparece; ellos también regresan a contar lo sucedido.
Un ángel se les revela en sueños a sus hermanos y hermanas porque aún lloran no entender quién era verdaderamente su hermano.

El noveno día todos están reunidos y de forma inesperada sienten una brisa cálida; es él, se materializa en medio de todos y los saluda diciendo:

—¡Soy yo! ¡No teman!
Esto que ven es real, todo lo hice por Amor
y todo lo dicho debe cumplirse.
El Mesías debió ser entregado para poder resucitar
y crean en los Poderes recibidos.
¡Vengan, alégrense conmigo!
Toquen; un espíritu no tiene carne ni huesos como ven que yo tengo.

Ellos no acaban de entender, pero no pueden dejar de creer por la felicidad que sienten.

242. TÚ, SÍGUEME

Cuando cuentan lo sucedido a tres discípulos ausentes,
uno de ellos no cree; entonces en la siguiente aparición
le dice al que aún no cree:
—Trae aquí tu mano y toca mis heridas...
—¡Señor, eres de verdad!

—Dichosos los que creen sin haber tocado.

Le ofrecen de lo que hay y entre cuentos, risas y sorpresas se desmaterializa dejando un vacío enorme en sus ánimos.

Días después se materializa a siete de los discípulos que salen de pesca, como lo hacen regularmente para llevar alimentos a sus familias y a los que los siguen, después de los saludos
le pide a Pedro que se acerque.
Pedro mira a otro discípulo y le pregunta:
—Señor, ¿y qué hay de este?

—Que lo que él sabe que tiene que hacer, ¡que a ti no te importe!
Tú, sígueme.

Se alejan unos pasos y le pregunta que si lo ama; esta pregunta se la hace tres veces y tres veces él contesta que sí.

Si me amas, mantén unido a todos los cercanos al Amor,
mi rebaño y se desmaterializa.

243. PROMESA CUMPLIDA

En la ciudad se reúne gente de todas partes del imperio a celebrar esta fiesta, los creyentes también se encuentran reunidos; en eso sienten su energía y él se materializa y todos se llenan de una felicidad indescriptible.
 –¡¡Alegraos!! –les dice– y se oye un eco, es

"El Espíritu de la Verdad",

que como grandes gotas de fuego baja y se posa sobre cada uno de ellos, despertando la conciencia, más allá del sentido común.

Sienten como se liberan del cuerpo y cómo se expanden por todo el recinto, es la *comunión* (común-unión) del espíritu cuando los átomos de unos y otros se entrelazan y en la saturación de felicidad se unen en un centro de luz...
y pasados los segundos se materializan; haciendo crujir la madera del edificio.

AHORA SABEN LO QUE ES VERDADERAMENTE LA LIBERTAD, CONFORME A LO PROMETIDO.

Con el estruendo se acerca la gente y se sorprenden al ver y al oír hablar a los discípulos con tanta claridad, pero uno de ellos envidioso dice: –¡No, lo que pasa es que esta gente lo que está es borracha!

De esta experiencia unos la borran de su conciencia, los que sí la asimilan la guardan como el mayor tesoro imposible de compartir.

244. DESPEDIDA

En otra materialización, les pide a todos que lo sigan
y mientras caminan les dice:

– Yo no hago nada por mi propia cuenta que no sea generar Amor.
El Cielo se ha abierto para que amparados en el Amor,
no se sientan impedidos de entrar, respiren profundo
hasta el último instante sin olvidar:

dar parte al Amor Primogénito.

No son gracias, es *te amo*.

Ya nadie se atreve a hablarle y en las afueras de la ciudad de pie
frente a todos, levanta los brazos, respira profundo
y se despide diciendo:

***Volveré a la derecha del Padre para celebrar el
triunfo del Amor.***

Mientras habla se siente el éxtasis en el ambiente, una nube lo
envuelve y lo levanta hasta desaparecer.

Y mirando al cielo como están, aparecen muchos
ángeles hablando en coro:

–¿¡¡Qué miran al cielo!!?
el Hijo Amado que reveló su Amor, cumplió y se ha ido;
lo volverán a ver a su regreso.
No olviden que él siempre está con ustedes porque los ama;
y desaparecen.

CAPÍTULO 21
ESTO DICEN LOS DISCÍPULOS

Son muchos los creyentes que lo siguen hasta nuestros días
y se hacen sus discípulos.

Permitir que los encadenen pensando en salvarse de algo
es un engaño que deben superar.

Los que pertenecen al rebaño
son los cercanos al Amor que decretan:
—Que el Amor reine en el mundo
para que él vuelva pronto.

Para lograr la sana saturación del planeta
han de triunfar sobre todos los seres que,
de forma consciente o inconsciente, corrompen y condenan
a muerte a los seres cercanos al Amor.

INHALAR VIDA
EXHALAR AMOR

*Generen el Amor único de cada uno para entregarlo
como parte de Amor y gratitud al Amor Primogénito.*

*No se preocupen si al pedir el bautizo
del ESPÍRITU DE LA VERDAD
no sienten algo porque muchos ya están bautizados,
solo despierten sus sentidos.*

245. LO ÚNICO REAL

Si el Amor Primogénito no les negó la vida de su propio Hijo,

¿quién podrá alejarlos de la felicidad sino ustedes mismos?

¿Quién podrá acusarlos por acercarse al Amor?

¡Y si el Amor está a su favor, nadie podrá contra ustedes!

Por causa del Amor están expuestos a verse superiores; y por envidia los tratan como animales para el matadero, pero no se desanimen en esos momentos ni pierdan la fe en el Amor.

Otros dirán que son ridículos y viven en una fantasía, entonces respondan:

−Nosotros ya no dependemos de la ley humana, pertenecemos al rebaño cercano al Amor, vivimos como personas libres, disfrutamos la vida y generamos Amor, estamos satisfechos con lo que tenemos, no necesitamos más para ser felices.
¿Los del mundo qué nos pueden ofrecer que no ofenda al Amor que es Ley y es Dios en todo el universo?

¿Entonces por qué envidiar su felicidad cuando el Amor es lo único real?

246. EL PRIMER MÁRTIR

Los creyentes aumentan y se unen a ellos, por lo que los discípulos concluyen: –Dejamos de anunciar el mensaje por dedicarnos a la administración; entonces designan a Esteban como jefe de diáconos.
Viendo su éxito en conseguir recursos y sin más argumentos que la envidia, lo llevan ante la Junta Suprema. Ante ellos tiene una visión y les dice: –¡*Miren, veo el cielo abierto y al Hijo Amado a la derecha del Padre!*

Y como viven reprimidos y amargados explotan, rechinan los dientes y gritando se lanzan sobre él, mientras él exclama:

–*Padre, escucho tu llamado, te amo, te amo...*

Y en contra del único mandamiento de la Nueva Ley, se alejan tanto del Amor que para callarlo lo golpean hasta matarlo.

Esteban es el primer mártir de la Nueva Ley.

Con este alboroto encarcelan a los discípulos y una noche un ángel abre la celda y les dice:
–Vayan al templo y proclamen la Nueva Ley.
Al otro día predican y gracias a que son amenazados, perseguidos y desterrados, se dispersan por el mundo llevando el mensaje.

En la diáspora algunos llegan a Antioquía, donde la fe en el Amor se fortalece. Y es donde se les da el nombre de cristianos.
Allí estudian el mensaje buscando entender cómo es eso de generar Amor.

247. PODER SOLTARSE

Suéltense de todo lo que les impide acercarse al Amor hasta alcanzar el nivel de su Amor Superior.

Para soltarse dejen salir ese sentimiento único de aprecio por lo que los rodea y acompaña.

En el cielo esperan que ahora entiendan que al soltarse de lo mundano activan el poder sobre la materia.
Poder de energía renovable, más poderoso que cualquier fuente atómica.

El Poder del Verbo, el del Libre Albedrío, el de la Emoción, no son para dañar su cuerpo, ni dañar a otros ni al medio ambiente; son la herramienta para alcanzar la liberación del espíritu de la materia.

En esto no hay discriminación, como sí ocurre con la tecnología humana que es una aventura solo para algunos pocos; los demás solo son víctimas o espectadores pasivos.

En este nivel alejen las personas que no responden Amor, que no creen ni les interesa, pero que por favor que tampoco estorben.

La prueba difícil está en soltar los recuerdos dañinos; el lastre que hacen perder intermitentemente la fe, estropeando el proceso, y la duda vuelve, por lo que tienen que volver a empezar.

En la unión de poderes los seres humanos pueden hacer que todo funciones en armonía.

En el universo los alienígenas han demostrado ser más evolucionados con el uso de los poderes que los humanos, ellos le dan toda credibilidad al verbo, al libre albedrío y a las emociones, demostrando que el camino escogido en este planeta es caprichoso, a la fuerza, lejos del Amor, con lo que pueden llegar a destruir tan hermoso planeta.

248. ESPÍRITU DE LA VERDAD

Cornelio es un centurión a órdenes del imperio que ora con fe al Amor. Un día tiene una visión de un ángel que le dice:
—¡Cornelio, *Cornelio! Hemos oído tu corazón, es auténtico, constante y cercano al Amor...*
Envía por Pedro a Jope, se aloja en casa de Simón, un curtidor, junto al mar.

Mientras tanto, Pedro tiene otra visión:
Ve que del cielo baja un lienzo atado por sus cuatro puntas; en el lienzo hay toda clase de mamíferos, aves y peces.
Y oye una voz que le dice:

—*Levántate y come.*

—Señor, yo ya no mato para vivir.
—*Lo sé, pero lo que el Padre te dé de su mano no lo desprecies.*

Esto sucede tres veces, el lienzo vuelve al cielo
y Pedro queda pensativo.

Cuando llegan preguntando por él y le cuentan porque vienen, entiende que está relacionado con su visión.
Al otro día parten y al llegar Cornelio los recibe cayendo de rodillas, pero él lo ayuda a pararse diciendo:
—Levántate, todos somos iguales, ahora lo único
que nos diferencia es la cercanía al Amor.

Entra a la casa y queda sorprendido al ver un gran grupo multirracial y cultural; entonces les dice: —He aprendido a apreciar lo que el Amor me da de su mano, sin importar doctrina, religión, sexo ni raza, por lo que me siento
muy a gusto de estar entre ustedes.

—Estamos aquí, ante ti, para escuchar lo que tienes que decirnos.

Pedro habla… y una brisa suave entra al recinto, es el "ESPÍRITU DE LA VERDAD", que en forma de grandes gotas de luz brillante, baja del Cielo y se posa sobre cada persona, iluminándola; y todos se funden en una gran esfera luminosa y cristalina.

Pedro extasiado en oración se pregunta:

—¿Quién es esta gente para recibir el bautizo del "Espíritu de la Verdad" de *forma tan resplandeciente?*

Son personas como estas las que recogen las banderas caídas de los discípulos, manteniendo el mensaje protegido y vivo en la educación dada a sus hijos y empleados, y en el ejemplo de vida dado a la gente, familiares y amigos.

Cuando el Amor es presente en todo lo que hacen y dicen, ni esperan reconocimiento ni aprobación, prueban merecer el Espíritu de la Verdad.

249. El LIMBO

Los cercanos al Amor, que no se desprenden de sus apegos materiales y no materiales en el último instante de sus vidas, quedan atrapados en el limbo de la conciencia; ahí pueden vivir por siglos, aunque en la eternidad solo son instantes.

El limbo es para los que siendo cercanos al Amor no pueden liberarse de los apegos del mundo; allí quedan atrapados, sin poder ir a ocupar su puesto en la Cúpula del Cielo, donde aún los esperan.

Son como la semilla que cae en tierra fértil, pero cae muy profundo, lejos de la luz; allí no muere, pero tampoco germina; ahí permanecen hasta remover la conciencia, ver la luz, seguirla y germinar.

El poder está en ellos pero no pueden salir solos, es por eso que los pueden ayudar, aunque no sepan quiénes son, diciendo:

—*Suelten lo que tienen agarrado, eso no los hace culpables de algo, amen la luz y síganla, que en el Cielo los esperan.*

¡No los olviden, aunque no sepan quiénes son! pero deben saber que hay épocas en que el limbo está vacío; su oración sirve para que otros no lleguen.

250. MISIONEROS

Y habrá muchas palabras e historias que quieran contar la verdad, pero las que aquí reposan son la mejor opción, las más cercanas al Amor; solo queda vivir y ponerlas en práctica.

¡Pero qué misión más quijotesca e ilusa!...

¿Cuántos millones de personas hay en la tierra por reeducar?

¿Cuántas religiones por madurar?

¿Cuántas supersticiones por desenmascarar?

¿Cuántos focos de corrupción por desmantelar?

¿Cuántas heridas del planeta por sanar?

Así se han acostumbrado a vivir, pero para el que vive cerca al Amor todo es posible; donde hay vida el Amor siempre busca por dónde emerger, porque es inquieto, único y vital, impredecible e infinito y siempre sorprende.

251. SERENIDAD Y PACIENCIA

Esto dicen los discípulos: Jesucristo, Creador de la Galaxia visita este mundo en un cuerpo para vivir las emociones de ser humano y probar que tan difícil es mantenerse cerca al Amor, hasta desmaterializarse, así con serenidad y paciencia cumple su misión.

Ahora espera que no lo molesten evocando su nombre, porque como dijo, ya cumplió y no da garantía de nada; el éxito es cosa de cada uno y responsabilidad de todos reeducarse y adaptarse al presente, sin dejar emociones inconclusas.

Ahora son libres y en la eternidad pueden fraternizar por siglos, hasta que el Amor Superior los suelte para ir a fundirse con otros iguales, donde el único recuerdo de cada uno es el Amor generado y la suma de recuerdos sean los matices que caractericen un nuevo mundo, una nueva constelación, una nueva galaxia; muy diferente a todo lo que reconocen los científicos.

252. MUERTOS RESPECTO AL PECADO

Esto dicen los discípulos: él fue crucificado como débil, pero vive por el Poder del Verbo Amor.
Al quedar unidos al Amor por convicción, quedamos unidos a su resurrección.
Morimos al mundo para resucitar en el Amor.

¿Ahora qué diremos? ¿Vamos a seguir alejándonos del Amor para que él se muestre aún más bondadoso? ¡No! Si nosotros ya hemos muerto respecto al pecado, ¿cómo podremos alejarnos del Amor? y ¿cómo podremos volver a morir?

Ya no estamos sometidos al pecado de la ley antigua ni a la ciencia del bien y del mal; eso que éramos fue crucificado, se destruyó, ya no somos sus esclavos, ahora sabemos que la muerte fue superada; así nosotros también estamos muertos respecto a la muerte; ahora somos libres y sin temor a la muerte podemos vivir la vida tal como es y disfrutar las cosas tal como son.

Ahora morir solo depende de cada uno.

AMOR ES LEY Y ES DIOS
REINVENTANDO EL FUTURO DE LA HUMANIDAD

*Algoritmo del Zahorí:
saber la respuesta,
descubrir la verdad:*

*El que se aleja del Amor sufre,
el que se acerca es feliz.*

AMOR VERDAD LIBERTAD
INHALEN VIDA
EXHALEN AMOR

RECONOCIMIENTO

AGRADECIDO

Con todos a mi alrededor que conscientes o no, han enriquecido y motivado a que la esencia del mensaje encuentre la luz.

Con los que trabajan por la sana saturación del planeta para que él vuelva pronto.

11 de septiembre del 2021, hemos trabajado desde 1991 para que este documento salga a flote, brille y los acerque a la luz en un 91%, máximo posible a través de la razón.

El 9% restante para alcanzar la plena cercanía al Amor se logra viviendo, inhalando vida y exhalando el Amor único de cada uno, en común unión con su Amor Superior y el Amor Creador, dando parte al Amor Primogénito.

Para hacer conexión con la esencia, despertar la conciencia y aclarar la razón no es suficiente leer el libro una vez.

AMOR VERDAD LIBERTAD
INHALEN VIDA PROFUNDO
EXHALEN AMOR LARGO

INDICE DE TÍTULOS

ÍNDICE DE CAPÍTULOS	3
INTRODUCCIÓN	11
CAPÍTULO 1	
TE AMO ES EL TRIUNFO	13
1. LA BÚSQUEDA	15
2. LAS RESPUESTAS	16
3. SONIDO DE CAMPANAS	17
4. AMOR ES LEY Y ES DIOS	18
5. EL MOMENTO	19
6. ABIERTA LA PUERTA	20
7. AL FINAL	21
CAPÍTULO 2	
BUSCANDO LA VERDAD	23
8. LA VERDAD	25
9. EL AMOR ES LA VERDAD	26
10. ¿POR QUÉ AMOR ES LEY?	27
11. ¿POR QUÉ AMOR ES DIOS?	28
12. TRADUCIR AL IDIOMA DEL AMOR	29
13. REDENCIONES	30
14. LA ENERGÍA PRIMOGÉNITA	31
15. LO QUE EL AMOR PRIMOGÉNITO ESPERA	32
16. EL UNIVERSO	33
17. LA VÍA LÁCTEA	34
18. LA CÚPULA DEL CIELO	35
19. EL AMOR SUPERIOR	36
20. EL AMOR ÚNICO	37
21. LA MENTE	38
CAPÍTULO 3	
EN MEDIO DE LA LIBERTAD	39
22. ALIENTO DE VIDA	41
23. INHALAR Y EXHALAR	42
24. MEMORIA AFECTIVA	43
25. EL CICLO DE LA VIDA	44
26. PODER DEL CUERPO	45
27. EL COMBATE	47
28. RELIGIÓN	48
29. LA PERFECCIÓN	49
30. EL PECADO ES ALEJARSE DEL AMOR	50

31. MANIQUEÍSMO	51
32. RECREAR	52
33. AYUNO	53
34. LA VOCACIÓN	54
35. UMBRAL DE LA CONCIENCIA	55
36. PRINCIPIOS DE LA NUEVA ERA	56

CAPÍTULO 4
GÉNESIS Y ÉXODO EN EL IDIOMA DEL AMOR   57
TESTIMONIOS

37. EN EL PRINCIPIO	59
38. EVOLUCIÓN / CREACIÓN	60
39. EL SER HUMANO	61
40. EL EGO	62
41. EL PARAÍSO	63
42. LA ESPECIE SOBREVIVIENTE	64
43. SE BUSCA	65
44. ROTA LA PROMESA	66
45. LOS DEPREDADORES	67
46. EL DESPERTAR	69
47. TESTIMONIOS	70
48. ENTRE LAS MUJERES	71
49. NACIMIENTO DE JUAN	73
50. NACIMIENTO Y HUIDA	74
51. EL DÍA DE LOS INOCENTES	75
52. EL EXILIO	76
53. TESTIMONIOS DE JUAN	77
54. TESTIMONIO DEL CIELO	78
55. EN EL DESIERTO	79
56. MI HIJO AMADO	80
57. REVELACIÓN	81
58. EL BIEN Y EL MAL	82

CAPÍTULO 5
ORIGEN DEL PENSAMIENTO MODERNO   83

59. REINVENTANDO EL FUTURO DE LA HUMANIDAD	85
60. JUSTICIA / LEY	86
61. VENGANZA	87
62. JURAR Y PROMETER	88
63. ODIO, PROBLEMA DE ELLOS	89
64. LA MEJOR OPCIÓN	90
65. LO QUE EL CIELO ABORRECE	91
66. LOS FALSOS PROFETAS	92
67. LA LIBERTAD	93
68. BANDERAS CAÍDAS	94
69. OTRO CONTINENTE	95
70. NACIONES	96

71. EL VERDADERO TRABAJO ... 97
CAPÍTULO 6
UN PASO MÁS ALLÁ DE LO MUNDANO ... 99
72. MORIR INÚTILMENTE ... 101
73. REVÍSTANSE DE AMOR ... 102
74. ESPIGAS DE TRIGO ... 103
75. SERVIR A DOS JEFES ... 104
76. SER PADRES ... 105
77. SER EDUCADOR ... 107
78. VIVIR EN EL ESPÍRITU ... 109
79. VIBRACIONES MAESTRAS ... 110
80. TÉCNICAS DE RESPIRACIÓN ... 111
81. ALIMENTACIÓN ... 113
82. INEDIA / RESPETO POR LA VIDA ... 115
83. EL AGUA QUE DOY ... 117
84. SERVILES E INÚTILES ... 118
85. EL AMOR EN USTEDES ... 119
86. RÁPIDO, SIN AFÁN ... 120
87. RÍOS DE AGUA VIVA ... 121
88. EL ROMPECABEZAS ... 122

CAPÍTULO 7
TODOS ESTÁN DONDE QUIEREN ... 123
89. TEMOR E ILUSIÓN ... 125
90. ¿A QUÉ VINO EL HIJO AMADO? ... 126
91. TODO EL MUNDO ESTÁ DONDE QUIERE ... 127
92. LIBRE ALBEDRÍO ... 129
93. SABER LO QUE PIDIERON ... 131
94. VIVIR LO QUE PIDIERON ... 132
95. TODOS SABEN LO QUE QUIEREN ... 133
96. LA MUERTE DE LOS MONJES ... 135
97. POBREZA ... 136
98. LOS VERDADEROS POBRES ... 137
99. EL CIEGO Y EL INVIDENTE ... 138
100. TE QUIERO SEGUIR ... 139
101. EL HIJO PRÓDIGO ... 141
102. COMO NIÑOS ... 143
103. DOCE JÓVENES ... 144
104. EL MAYORDOMO ASTUTO ... 145
105. LOS CIMIENTOS ... 146

CAPÍTULO 8
NO SE ALEJEN DEL AMOR ... 147
106. DIOSES SON ... 149
107. COMO HAS CREÍDO ... 150
108. LOS ELEGIDOS ... 151
109. EL PLAN ... 152

110. EL ELEGIDO … 153
111. EL QUE TIENE DE LENGUA LA ESPADA DE TRES FILOS … 154
112. EL QUE ES ETERNO … 155
113. EL QUE ES AMOR … 156
114. CREADORES … 157
115. ASÍ HASTA EL FIN … 158

CAPÍTULO 9
VIDA ETERNA … 159
116. EN LA ETERNIDAD … 161
117. SER ETERNO … 162
118. VOLVER A NACER … 163
119. DIOS DE VIVOS … 164
120. EL JOVEN RICO … 165
121. JUECES Y VERDUGOS … 166
122. ZABULÓN Y LÁZARO … 167
123. CELEBRACIÓN … 169
124. LA LIMOSNA … 171
125. PEREZA E ILUSIÓN … 172

CAPÍTULO 10
PERDÓN
SANACIÓN
CONCILIACIÓN … 173
126. DECISIONES … 175
127. CORAZONES ROTOS … 176
128. ¿POR QUÉ NO CREEN? … 177
129. EL JURADO … 179
130. AMOR ES UNO SOLO … 180
131. NO ESTÁN OBLIGADOS … 181
132. MILAGROS … 182
133. DICHAS Y ALEGRÍAS … 183
134. CUANDO LA FELICIDAD NO LLEGA … 185
135. TESOROS … 186
136. CERCANO AL AMOR … 187
137. EL OJO AJENO … 188

CAPÍTULO 11
VIVIR O MORIR … 189
138. VIVIR O MORIR … 191
139. EL PROFETA … 192
140. EN LA OSCURIDAD … 193
141. VIVIR EN LA TIERRA … 194
142. VOLVER A EMPEZAR … 195
143. EL ENEMIGO … 196
144. SUICIDAS … 197
145. INHALAR VIDA, EXHALAR AMOR … 198
146. AMOR vs TECNOLOGÍA … 199

147. LA PIEDRA PRINCIPAL	202
148. LA ENFERMEDAD	203

CAPÍTULO 12
EL SENTIDO DE LA LEY — 205

149. EL SENTIDO DE LA LEY	207
150. EL LÍMITE DE LA LEY	208
151. SEMILLAS DE VIDA	209
152. LA TRANSICIÓN	210
153. PAZ CONSIGO MISMO	211
154. DÍA DE DESCANSO	212
155. APLIQUEN LA LEY	213
156. CREER	214
157. LA MUJER FIEL	216
158. DIVORCIO Y ADULTERIO	217
159. LA ILUSIÓN DEL DINERO	218
160. TALENTOS	219
161. DEMOCRACIA	220
162. LOS IMPUESTOS	223

CAPÍTULO 13
VIBRACIÓN — 225

CAPÍTULO 14
PODER DEL VERBO — 227

163. PODER DEL VERBO	229
164. EL AGUA EN VINO	230
165. DECRETOS	231
166. EVOLUCIÓN	232
167. ENVIDIA	233
168. EL LABRADOR Y LA MALEZA	234
169. LO QUE LOS HACE IMPUROS	235
170. LÁZARO	236
171. OIRÁN SU VOZ LLAMAR	237
172. EL ESTANQUE DE SANACIÓN	238
173. ¿QUIÉN ME HA TOCADO?	239
174. TALITA CUMI	240
175. LEVÁNTATE Y ANDA	241
176. ¿QUÉ QUIERE EL CIEGO?	242
177. EL CENTURIÓN	243
178. MIGAJAS	244
179. PODER DEL VERBO AMOR	245
180. CAMINÓ SOBRE EL AGUA	246
181. EL VERDADERO PAN	247
182. METÁFORAS E ILUSOS	248
183. EN LA OTRA ORILLA	249
184. LA TEMPESTAD	250

CAPÍTULO 15
VENIMOS A DAR AMOR 251
   185. TEMER A DIOS 253
   186. PEDRO Y JUAN 254
   187. HONRA Y RECONOCIMIENTO 255
   188. LA VIUDA Y EL JUEZ 256
   189. EN CASA DE MARÍA 257
   190. LO QUE DIGO EN LA LUZ 258
   191. EL YUGO 259
   192. SEMILLAS DE AMOR 260
   193. DAR, RECIBIR Y PEDIR 261
   194. ZAQUEO Y LA EXPIACIÓN 262
   195. ZAQUEO Y EL PERDÓN 263
   196. LA MUJER ADÚLTERA 264
   197. ELLA ME AMA MÁS QUE TÚ 265
   198. EL SAMARITANO 266
   199. EL RELIGIOSO Y EL COBRADOR 267
   200. LA MISIÓN 268
   201. LAS RIQUEZAS DEL CIELO 269
   202. EL NUEVO RICO 270
   203. TESOROS ESCONDIDOS 271
   204. LA GUARDIA 272
   205. DISFRUTAR GENERAR AMOR 273
   206. NO SE UFANEN 275

CAPÍTULO 16
EL AMOR ES INFINITO 277
   207. EL AMOR ES INFINITO 279
   208. EL PODER ES INFINITO 280
   209. TRANSFIGURACIÓN 281
   210. ¡OH, GENTE PERVERSA! 282
   211. QUEREMOS MÁS FE 283
   212. FE EN EL AMOR 284
   213. ¿QUIÉN ES MÁS IMPORTANTE? 287
   214. ELECCIÓN Y SELECCIÓN 288
   215. SÁLVENSE A SÍ MISMOS 289
   216. MUCHOS FUERON LLAMADOS 291

CAPÍTULO 17
TODO ESTÁ DADO 293
   217. TODO ESTA DICHO 295
   218. FUEGO DEL CIELO 296
   219. PURIFICA EL TEMPLO 297
   220. DENUNCIA PÚBLICA 298
   221. GUÍAS PERVERSOS 299
   222. FIRMES ANTE EL FIN 300
   223. JUDAS Y LOS POBRES 301

224. LA HIGUERA	302
225. UNA SEÑAL MILAGROSA	303
226. ALABANZAS Y AUTORIDAD	304
227. EL MUCHACHO QUE NACIÓ CIEGO	305
228. LETRA VIVA	307

CAPÍTULO 18
LETRA VIVA	309
229 EL MANDAMIENTO	311
230. MUERE Y RENACE	312
231. LA ÚLTIMA CENA	313
232. LA EUCARISTÍA	314
233. LA LITURGIA	315
234. LA CASA DEL PADRE	316
235. QUIEN LOS AMA	317
236. EL PASTOR	318

CAPÍTULO 19
VOLUNTARIOS	319
237. LOS DEL MUNDO	321
238. CONDENADO, MUERTO Y SEPULTADO	323
239. LOS DEL CIELO	324

CAPÍTULO 20
PODER SOBRE LA MATERIA	325
240. DESMATERIALIZACIÓN	327
241. ¡MATERIALIZACIÓN!	328
242. TÚ, SÍGUEME	329
243. PROMESA CUMPLIDA	330
244. DESPEDIDA	331

CAPÍTULO 21
ESTO DICEN LOS DISCÍPULOS	333
245. LO ÚNICO REAL	335
246. EL PRIMER MÁRTIR	336
247. PODER SOLTARSE	337
248. ESPÍRITU DE LA VERDAD	338
249. El LIMBO	340
250. MISIONEROS	341
251. SERENIDAD Y PACIENCIA	342
252. MUERTOS RESPECTO AL PECADO	343
RECONOCIMIENTO	347
CONSULTA	357

*AMOR VERDAD LIBERTAD
INHALEN VIDA POR LA VIDA
EXHALEN AMOR POR AMOR*

CONSULTA

Abran o impriman el cuadro, lancen, busquen, lean y estudien la respuesta.

Posibles opciones:

B: Lea el libro.
C: Lea el índice de capítulos y escoja uno.
D: Lea índice títulos, escoja uno del 1-88
E: Lea índice títulos, escoja uno del 89-162
F: Lea índice títulos, escoja uno del 163-252
G: Escriba sobre su vida.
H: Escriba algo que hable del perdón.
K: Escriba algo que hable del Amor.
Q: Escriba cómo quiere el mundo.
T: Busque la respuesta en su interior.
Nº 252 títulos que responden a las inquietudes que puedan tener.

En las opciones de escritura, escriba mínimo media página tamaño carta, con la tranquilidad que nadie la leerá si no quiere; la puede botar, romper, guardar, enterrar, lo que quiera, si la va a quemar con mucho cuidado.

Nada es casual en la vida.

Antes de lanzar tomen aire.

EL AMOR ES INFINITO Tome aire

96	69	237	102	203	197	20	146
213	E	31	46	11	76	90	98
16	250	209	T	161	206	160	02
176	193	32	105	219	167	91	211
60	71	171	48	140	78	141	86
205	156	202	222	47	154	130	108
144	169	35	50	65	119	94	227
05	45	223	189	195	200	95	110
67	92	37	236	06	183	113	111
191	194	207	53	224	G	97	64
54	23	109	208	D	83	221	12
228	117	40	246	70	107	99	114
41	F	153	56	128	85	100	72
240	26	217	K	174	147	212	201
61	T	43	58	210	157	116	28
112	137	249	179	74	88	03	118
192	29	159	242	247	180	104	80
252	233	42	55	68	163	93	106
14	196	Q	218	22	38	245	101
173	73	175	C	177	178	59	51
186	187	188	241	01	49	122	115
251	24	77	145	230	168	15	36
39	215	248	89	166	19	172	185
204	158	162	164	227	170	184	25
07	18	21	229	79	44	27	30
150	235	152	57	124	131	B	103
134	151	190	231	243	84	62	13
126	52	10	139	199	143	226	T
66	136	138	81	142	04	155	148
238	63	87	214	H	193	08	82
34	198	232	135	33	127	123	120
182	244	149	216	132	75	234	17
165	09	239	181	133	129	125	121

www.ingramcontent.com/pod-product-compliance
Lightning Source LLC
LaVergne TN
LVHW091528060526
838200LV00036B/532